智慧城市

[美] 杰曼·R.哈里古亚　　　著
(Germaine R. Halegoua)

高慧敏　　　　　　　译

清華大学出版社

北京

北京市版权局著作权合同登记号　图字：01-2021-5794

图书在版编目（CIP）数据

智慧城市/（美）杰曼・R.哈里古亚（Germaine R. Halegoua）著；高慧敏译. —北京：清华大学出版社，2021.9
　　ISBN 978-7-302-58652-4

Ⅰ.①智… Ⅱ.①杰… ②高… Ⅲ.①现代化城市－城市建设－研究 Ⅳ.①C912.81

中国版本图书馆 CIP 数据核字（2021）第 161115 号

责任编辑：王　芳
封面设计：刘　键
责任校对：郝美丽
责任印制：丛怀宇

出版发行：清华大学出版社
　　　　　网　　址：http://www.tup.com.cn，http://www.wqbook.com
　　　　　地　　址：北京清华大学学研大厦 A 座　　**邮　　编**：100084
　　　　　社 总 机：010-62770175　　　　　　　　　**邮　　购**：010-83470235
　　　　　投稿与读者服务：010-62776969，c-service@tup.tsinghua.edu.cn
　　　　　质量反馈：010-62772015，zhiliang@tup.tsinghua.edu.cn
　　　　　课件下载：http://www.tup.com.cn，010-83470236
印 装 者：三河市金元印装有限公司
经　　销：全国新华书店
开　　本：147mm×210mm　　**印　张**：4.25　　**字　数**：106 千字
版　　次：2021 年 11 月第 1 版　　　　　　　**印　次**：2021 年 11 月第 1 次印刷
印　　数：1～2000
定　　价：59.00 元

产品编号：089898-01

译者序
FOREWORD

随着经济社会的快速发展和加速转型,传统城市管理模式的局限性日益显现,为了应对人口、资源、环境等对城市发展的挑战,全球各国都以智慧城市建设作为全新的城市发展理念和实践路径。城市治理和管理不仅是国家治理体系的重要组成部分,同时也是全球互联网治理体系的重要载体和构建网络空间命运共同体的重要基础。随着国家治理体系和治理能力现代化的不断推进,"创新、协调、绿色、开放、共享"发展理念的不断深入,网络强国战略、国家大数据战略、"互联网+"行动计划的实施和"数字中国"建设的不断发展,城市被赋予了新的内涵和新的要求,党的十九大对建设网络强国、数字中国、智慧社会也作出了战略部署。

我国智慧城市的概念最初由住房和城乡建设部在 2008 年提出,随着对智慧城市的实践和认知不断变化,2014 年,国家发展和改革委员会从数字化与技术角度认为:**智慧城市是运用物联网、云计算、大数据和空间地理信息集成等新一代信息技术,促进城市规划、建设、管理和服务智慧化的新理念和新模式**。因此,智慧城市本质上是利用智慧技术对城市进行重塑和再造,是运用新一代信息通信技术促进城市创新和发展的系统工程。

智慧城市已从新概念的舶来品变为推动我国新型城镇化的战略抓手。经过十多年的发展,智慧城市的服务对象、服务内容已经非常广泛,我国在智慧城市领域也取得了巨大成绩。相关资料显示,目前我国超过 89％的地级以上城市都明确提出了构建智慧城市的相关方案,在建总数超过 500 个,占全球智慧城市建设数量的一半。但我国智慧城市的发展尚没有走完盲人摸象的过程,全社会对智慧城市的发展理念、本质内涵、实现路径、运营模式、改革创新等仍未形成一致的意见,不同人看到的仍是智慧城市的不同侧面、不同角度和不同维度。建设中国特色智慧城市的核心宗旨是为我国以人为核心的新型城镇化服务,解决城镇化进程中带来的现实问题。因此,智慧城市的建设不仅要以物联网、云计算等新一代信息技术和产品为依托,更重要的是一定要坚持以人为核心,着力解决老百姓的衣食住行、安居乐业、生老病死等现实问题。

美国堪萨斯大学电影与媒体研究系副教授杰曼·R. 哈里古亚撰写的本书明确地指出:"如果政府希望利用数字技术改善所有人的生活质量,那么技术只是达到此目的的手段,而不是目的本身。"人的参与,被视为智慧城市建设中非常重要的因素,生活在当今世界,我们应该重新思考自己与数字基础设施、导航技术以及社交媒体之间的关系。

译者所在的浙江省嘉兴市,作为世界互联网大会永久会址所在地、全国三个获批建设新型智慧城市标杆市的城市之一,已经形成了一批可感知、可运用、有亮点、有特色的建设成果。但是,智慧城市还需要解决两大问题:如何让政府的决策更聪明、更准确、更科学;如何让城市使用者对城市的感知更高效、更便捷,生活更幸福。

因此,诚挚地希望本书的翻译出版能为我国如火如荼的智慧城市建设提供一些借鉴,提出的智慧城市建设方案更加注重城市居民切实的获得感和幸福感。

译 者

2021 年 9 月

前言
PREFACE

　　每个城市的政府官员都希望能宣称自己所在的城市是全世界最早的、最大的或最具创新性的"智慧城市",新闻记者也乐于报道此类事件。例如,2017 年 1 月 1 日,科技新闻网站 Digital Trends 将新加坡、西班牙巴塞罗那、挪威奥斯陆和美国纽约列为将"最前沿的智能技术"和"前所未有的城市规划"融入城市建设的四大城市。这些创新技术包括:无处不在的传感器和摄像头,用于监测和报告交通流量、能源及水资源消耗、公共场所安全状况的 WiFi 网络,还有日常生活中各方面的自动化——从感应调光的路灯到能检测马桶冲洗次数的传感器,等等。这些城市被称为"智慧的"是因为它们都通过数字技术解决方案解决了"城市问题"。智慧城市开发者希望通过采集和处理有关城市的各种活动、流动性以及基础设施的数字信息,使城市反应更快、更有效率、更具可持续性且更安全。

　　"智慧城市"已经成为物联网、云计算、大数据等技术在实际中应用的试验场和展示厅。在过去的十几年里,世界各地的科技公司、政府机构和开发商都在推动智慧城市成为可实现的未来之地,并通过数据的采集和分析,使城市生活变得可理解、可管理。智慧城市被设想为利用增强的数字基础设施、实时数据和无处不在的计算来提高城市管理和治理的效率,并改善城市居民的生活质量。尚未"智慧化"的城市或许也在发挥技术的作用,但其基础设施和网络模型是过时的,采集的并不是全部的城市活动数据,因此被认为是低效的。

政府机构、科技公司和独立基金会设立了很多竞争性的资助项目,包括"智慧城市挑战赛"(Smart Cities Challenge)和"智慧千兆社区计划"(Smart Gigabit Communities Program)等,为智慧城市建设提供资金支持。政府与思科、IBM、英特尔、微软和西门子等公司之间通过政府和社会资本合作模式,利用传感器、数字信息亭、公共 WiFi 和联网摄像头对现有城市进行改造,或从零开始建设新的智慧城市。

尽管智慧城市正在全球范围内如火如荼地建设,但围绕智慧城市开发的概念、目的和结果,人们达成的共识有限。

智慧城市建设到底是不是颠覆性或创新性的呢? 随着全球越来越多所谓智慧的城市在改造或新建,关于这个问题的争论也不绝于耳。智慧城市开发的支持者强调技术在"智慧增长"、改善公共服务、高效基础设施和企业竞争力中的作用,但批评人士对城市建设进程中的数据化、城市居民受到的监控以及政府官员迫切希望通过信息通信技术(ICT)解决城市问题的做法表示怀疑。另外一些研究人员和规划者则认为,智慧城市开发仍有巨大的潜力,可以拓宽数据采集和使用的思路,吸纳城市居民的建议,促进社区及邻里的合作。

由企业或技术驱动的智慧城市开发仅是城市信息化中的诸多选项之一,但目前俨然已成为智慧城市开发的主导模式。一些评论家指出,这种模式中关于互联城市或网络城市的观点存在很大的问题。例如,城市不仅仅是一系列处理或优化城市生活的技术解决方案,而是一个实实在在的物理空间,应该尊重市民的生活经验和已有的社区行为并将其融入城市基础设施建设中。新兴的智慧城市规划和目标已经开始从盲目地部署传感器和物联网,转变为关注城市问题和不公平现象背后的社会及文化背景,扩大智慧城市利益相关者和决策者的范围,利用大数据造福人民。智慧城市是为谁服务的,如何衡量其成功,以及谁应该参与到创建和使用的过程中,这些被争论不休的问题也值得支持这些项目的企业和政府以及资助智慧城市开发的机构深思。

随着智慧城市关注度的高涨和对其巨大发展潜力的期许,当前智慧城市的开发进程和存在的问题越发受关注。诸多关于智慧城市的讨论和政策制定都是由行业代表、政府官员和开发商在会议室里进行的。为了充分发挥市民在城市开发过程中的作用,有必要让他们了解拟进行的城市转型到底是什么样子,城市是如何通过数字媒介的实施进行重塑的,以及他们能从何处以及如何参与这些进程。

作者自 2009 年开始对从零开始建设型城市(smart-from-the-start cities)和改造型智慧城市(retrofitted smart cities)进行研究,它们或采用政府授权模式或采用企业主导模式,并对由此带来的社会不公平现象和紧张关系进行了思考。通过采访思科和谷歌等公司的代表,并参加政府内阁会议以及智慧城市相关的会议和活动,作者分析了企业主导型智慧城市建设模式的价值观、愿景和社会化决策过程。作者还观察并采访了数字包容性活动家、社区组织者,以及从未接触过互联网、感觉完全被排除在智慧城市视野之外或者对智慧城市的概念、术语了解不多的人,并提出了针对此类人群如何了解智慧城市的解决方案。

在本书中,作者拷问了智慧城市开发的企业主导模式,因为它虽然是最常见的,但往往最不被非专业人士甚至许多采纳该模式的政府官员所理解。尽管企业的愿景主导了智慧城市开发的话语权,但对于智慧城市到底是什么以及到底是为谁服务的,还应该有其他的选项。作者通过本书介绍了智慧城市开发的一些其他模式和观点,这些模式和观点已经在世界各地的城市初具影响。

主流的智慧城市讨论中倾向于将"智慧"作为城市发展和城市

生活的最终目标,但并未充分阐释或质疑其背后的含义、过程和政治倾向。目前,智慧城市开发的企业模式已然成为典范,企业在智慧城市设计中的作用不断深化,作者对此深感忧虑,这也是撰写本书的原因之一。针对市民参与及合作的机会有限、对未来技术发展的短视、未将城市设定为一个适合人类生活居住且多元化的场所等问题,作者曾撰文探讨过智慧城市开发中未经实践检验的企业主导的愿景。每当听到首席信息官(CIO)和首席执行官(CEO)用敷衍或模棱两可的答案回避市民关于视频监控、隐私权和社会公正等问题的担忧时,作者屡屡感到困扰,因为这些回答中充斥着关于大数据和提高生活质量的套话或空头承诺。其实,在智慧城市建设中实现社会性公正的机会有很多,规划部门、高等院校、草根组织、社区集体以及能源、通信和计算行业的许多人都在积极努力。越来越多的智慧城市倡导者也开始思考信息通信技术的实施对边缘化人口带来的不均衡影响,并大力开发多种教育方式,将更多的人群纳入智慧城市项目的考量中。本书虽然围绕企业主导的智慧城市开发模式进行讨论,但作者并无意支持或放大智慧城市开发中基于技术的、利润驱动的愿景,而牺牲以市民为中心的更多可能。相反,作者的目的是让专家以及非专业人士熟悉用于支持企业意识形态的空洞承诺,以便更有利于对其进行社会、政治和道德的批判,并拓展城市中如何利用数据和信息通信技术的更多可能。

通过综合目前工业界和学术界的工作以及作者自己实地调查的资料,作者在本书中对智慧城市的概念进行了语境化及评估。每章都包括一系列反对智慧城市的论点,以及为了实现城市的可持续性、反应灵敏性、参与性等政策目标和市民需求而选择性地使用技术的案例。这样的目的之一就是提出并探讨在建设和管理智慧城市过程中所面临的各种冲突的观点。特别地,作者将智慧城市是优化的、可持续的、数字化的、网络化的解决方案,可以改善城市的生活质量的观点,与批评智慧城市是新自由主义、企业主导的、非民主的观点客观地并列提出。

希望通过介绍智慧城市的概念、定义、具体实例和历史背景,为读者提供一些参考,以加入到当前智慧城市开发的对话和辩论中。通过典型的和新兴的商业计划和开发模式(第2章)、智慧城市所使用的技术(第3章)以及智慧城市开发中市民参与的实例(第4章),为读者提供了必要的知识储备,以便认清将技术上的智慧作为城市开发目标的局限性。

本书首先回顾了城市规划者、开发商、技术设计师、记者以及研究人员所常用的智慧城市定义和术语。第1章概述了智慧城市开发的理由和数字媒体在当前智慧城市规划实施中所起的作用。第2章重点介绍了智慧城市开发的三大模式,并对多个城市中已建立的新兴商业和网络管理规划进行了简要的评述。第3章介绍了目前已在使用或正在开发的采集和分析城市环境数据的关键技术和方法。第4章借助实地调查和文献资料,说明智慧城市开发商如何构想建筑环境、技术和城市基础设施以及市民参与之间的互动。第5章总结了前几章所提出的观点和主要研究方向,并对智慧城市开发的新视角和主题进行了探讨。

作者认为,智慧城市开发商需要与当地社区更紧密合作,以了解社区与城市的现有关系,并认识到技术手段的局限性。如果政府希望利用数字技术改善所有人的生活质量,那么技术只是达到此目的的手段,而不是目的本身。市民以及城市社区需要在确定这些技术的最终用途方面发挥更大的作用。但是,政府、智慧城市开发商和城市居民并不总是知道如何进行这类对话,也不知道怎样鼓励人们去探究如何以及在何种条件下使用技术和数据。在最后一章,作者对此提出了一些初步想法。

　　城市社区需要了解更多智慧城市是如何构思和实施的信息，以便参与智慧城市开发的决策。我们需要数量更多、更多样化的对生活在城市中的意义和感受有深刻理解的市民，需要更多关心公平地获得技术、数据和服务的人，参与到塑造智慧城市的对话中。诚挚地希望本书能有助于这一进程的推动。

目 录
CONTENTS

第 1 章

CHAPTER 1

智慧城市概述

　　"智慧城市"一词，已有各种各样从创新型城市视角给出的定义，学者们只能用"模糊不清"（nebulous）来形容它。当然，在这些看似不精确的描述中，也涵盖了一些共同的特征和目标。"智慧城市"一词本身及其相关的技术应用和管理实践，虽然被誉为创新概念，但仍需要放到城市管理和信息通信技术（Information and Communication Technology，ICT）在城市应用的历史中进行考量。智慧城市也引出了城市管理中一些老生常谈的基本问题：城市由谁来治理？如何治理？城市的哪些方面可以治理？如何规划城市以创建社区、促进增长并有效分配资源和服务？城市治理和管理从来都不是一件容易的事，几个世纪以来，城市的规划者、管理者和居民一直在考虑如何利用技术手段来应对城市的复杂性。因此，计算机应用系统以及数据驱动的决策所宣称的简单、有序，深受各国政府部门的关注。

　　本章通过对智能技术及其应用中关键术语和概念的讨论，为理解和评判智慧城市提供一些指引。作者剖析了各国政府官员和企业高管们普遍持有的建设智慧城市的理由，以及智慧城市开发商和技术人员一再重申的各种承诺。本章还介绍了智慧城市开发商们一些不切实际、夸夸其谈的说辞，同时也强调了反对进行智慧城市建设的声音。批评家将那些愿景视为新自由主义意识形态，认为它们会导致技术上及社会实践中的不公平、不公正，他们畅想的是一个更人性化的城市。

目前，智慧城市的概念，甚至智慧城市这个词本身，几乎都与企业对数字媒体、数据和城市空间的看法密不可分。

本章无意去支持或证实这些观点。相反，读者应该仔细考量这些虚夸的宣传，它只是一种目前占据主流地位且正在完善中的关于未来城市如何建设和治理的观点。读者应该批判性地思索，在这些关于未来城市的构想中，哪些被遗漏或被低估了，城市居民又该如何在创建未来城市中发挥作用。

1.1　什么是智慧城市

1996 年，在南澳大利亚内阁批准继续执行澳大利亚首个智慧城市开发项目的第二天，*The Advertiser* 的一位撰稿人批评说，智慧城市本身就是一个"肤浅的词"（glib phrase）"蕴含着舆论导向专家们最新的某种执念，带有肤浅的政治色彩。"[1] 他回避了对智慧城市进行定义，但最终也认同该项目是一个令人激动的创意。这篇发表于 1996 年的文章与当今媒体对智慧城市的普遍看法不谋而合。关于智慧城市的文章很少能清楚地阐明这样的城市到底是什么样子，更多地报道了关于智慧城市开发中的决策，或者智慧城市建设中要用到的技术。城市社会学教授、智慧城市评论家 Robert G. Hollands 指出，在学术及政策类出版物中，也存在类似的虚夸趋势，他还注意到，很多城市在为自己是多么"智慧"而欢呼，但很少对评估这种智慧的标准给出定义，也很少解释为什么"智慧"如此重要[2]。

智慧城市的定义和特征各不相同,新闻媒体对这种新事物的价值和目标提出了迥然不同的观点。他们中的大多数人都相信,ICT 是智慧城市的基础和决定性的特质。通常,智慧城市被视为能够积极实施 ICT,通过采集数据支持、监测和改善城市基础设施(如交通管理、垃圾清运、能源消耗和应急响应等)。ICT 是各种网络管理系统的基础,在智慧城市中,ICT 几乎渗透到日常生活的方方面面,可以实时采集并响应系统及客户的反馈,使城市生活更加高效。这种对智慧城市理解的核心是:通过无处不在、相互连接的传感器,各种有感知能力的对象,以及可将所有城市活动转化为数据的高速互联网,实现监控城市活动及行为的能力。将城市里发生的各种活动均视为数据的观点,支撑了智慧城市是一个基于数据响应系统的愿景。除了可以对环境和行为变化做出响应外,智慧城市还被视为具有一定的预测性。与监控系统一起,大数据分析被吹捧为可以预测未来发展趋势或城市活动及状况的一种手段。

从多种不同的角度来看,现在的城市已经变得很"智慧"了。城市环境和居民在不断适应外部条件的变化,更多的新兴技术得以应用,无论是在宏观还是微观尺度上,新的政策和社会规范都在不断制定中,以应对管理的复杂性。作为知识经济中心和创新中心,城市吸引了越来越多的创新人才,这就意味着城市里的居民也越来越智慧了。然而,将城市贴上"智慧"的标签属于一种政治及意识形态的选择。"智慧城市"一词实际上意味着某种等级制度,其中有些城市被认为比另一些城市更"智慧",并为所谓的发展提供了一般的基准或目标,为了获得这一名号,就需要全民总动员,购买更多的产品和服务。

"智慧"一词常被策略性地用来宣传一个城市的物流优势。由于智慧城市在语义上的含糊性,很多对城市中不同问题感兴趣的组织,都利用它来进行各自领域的创新(例如,城市治理、公共安全、交通运输等)或改进(例如,健康和福祉、可持续性、生活质量等)。诸如欧洲委员会(European Commission)之类的管理机构将智慧城市定义为,利用 ICT 为居民和企业创造更高效、更具吸引力的服务的城市,而美国交通运输部(Department of Transportation)则将智慧城市描述为利用技术的力量促进人员和货物更好流动的一种城市组织形式。技术供应商们则指出,智慧城市通过数字工具对其核心管理系统进行转型,以优化可用资源并改善生活质量。地理学家 Ola Soöderström、Till Paasche 和 Francisco Klauser 对 IBM 提出的"更智慧的城市"(smarter cities campaign)进行了深入分析,并观察到智慧城市概念的模糊性如何为企业提供了可乘之机,便于其利用自己的定义和尺子来衡量什么是智慧。这些作者认为,像 IBM 之类的公司将技术看得比使用技术达到的效果更重要。IBM 明确地将智慧城市及其应用技术定位为潜在的、有利可图的市场,将自己的产品定位为必经的关口(obligatory passage points),并将公司定位为智慧城市规划和开发不可或缺的合作伙伴[3]。这些事实表明,智慧城市要讨论的领域比人们想象的要宽泛得多。

实际上,智慧城市被定义为将各种数字媒体在战略层面上集成为基础设施和软件,通过采集、分析和共享数据,实现城市活动的管理决策。

正如著名的建筑学家、技术史学家 Antoine Picon 所说,智慧城市被认为是有感觉或"有感知的城市"(sensitized cities),通过大数据和技术的应用,人们对世界及其自身有了更深的认识[4]。城市规划、建筑学、信息科学以及地理学等多个学科的研究者们都指出,城市的物理空间与虚拟空间界限的模糊不清,可以增强人们对城市的认知，并建立城市中更个性化或更私密的联系。其中的一些联系可以通过开放的城市门户网站、传感器网络以及市政府主导的移动应用小程序 App 等智慧城市创新进行维持，也可以通过商业行为、社交媒体服务、互动式公共艺术项目以及数字街头游戏等进行维持。但是有一些私密关系根本无法通过数字技术来维持，而且在当前智能化或感知化的城市模型中往往被忽视了。

城市规划者、市政官员以及公众，一直对实现技术与城市之间理想化的连接而着迷，并且长久以来也正是通过这些技术手段来管理和理解城市的。城市的道路照明系统、交通网络、通信线路以及高度现代化的摩天大楼都被誉为是使城市得以有序发展的技术，并将开创城市主义的新纪元。在诸多的全球展览会和国际博览会上，都将未来城市发展与技术进步紧密联系在一起，展示现代技术如何创造了理性且规划良好的城市。例如，在 1939 年纽约世界博览会上，通用汽车公司的"未来奇观"（Futurama）——一个颇受欢迎的展示未来世界的陈列馆，让参观者惊叹不已。在该馆中，未来的城市将通过自动化的高速公路网络大大缓解交通拥堵。根据当时的来宾手册和媒体报道，该届世界博览会上展出的影像和模型包括自动化的城市和建筑、高科技的交通和通信系统以及创新的建筑材料，意在激发公众及专业人士的想象力，展示一幅舒适、可控且安全的图景。自 20 世纪 50 年代以来，对这种可控的自动化社会的描绘，在科幻电影和电视节目中屡见不鲜。科幻小说中对人机智能融合在一起的控制中心或指挥中心的痴迷，对用于战略决策的不间断监控及数据流的颂扬，在当今智慧城市运营中心的宣传中再次粉墨登场[4]。

自 20 世纪 60 年代开始，人们就把城市系统想象成一系列复杂的、非线性的、交互式的系统，在这些系统中，各种城市活动均被视为信息。Jay Forrester 是麻省理工学院管理学院的工程师和计算机科学家，也是将系统思维应用于城市建设的创新者，他的著作

Urban Dynamics 在 1969 年首次出版时就引起了争议。Forrester
和他的同事们与波士顿前市长 John Collins 以及波士顿的城市管
理人员和工作人员合作,提出计算机可以用来帮助分析城市系统
之间的反馈回路,从而为城市环境及城市活动进行建模。模型可
以输入计算机中,模拟并分析随着时间推移影响城市问题及发展
的特定变量。城市动力学强调了这样一种观点,即计算机模型能
够比人类更准确地识别复杂城市系统中问题的根源,而人类通常
只能识别和处理城市问题的表面现象,而不是根本原因,从而导致
无效甚至错误的决策[5]。虽然系统思维已经融入城市规划的理论
和方法中,但在早期,它备受学者和政府官员的批评,认为是一种
过于简单化的分析、评价社会政策及城市活动的方法[6-7]。

通过回顾关于未来城市想象的历史,可以更好地理解今天的
智慧城市概念,未来城市的想象中优先考虑的是,通过科学技术的
发展来维系秩序和效率,并促进经济增长以及在全球及区域市场
上的竞争力[8-9]。全球化趋势、劳动力的流动、快速的城市化以及
城市间吸引金融和人力资本的竞争不断加剧,这些都在不断地迫
使城市想少花钱多办事。在这样的背景下,最优化和可持续性再
次成为技术系统通过重新建构城市(不断采集,分析和响应实时信
息)实现的目标。在城市治理方面,可以将智慧城市视为在不断扩
张且不可预测的城市环境中解决持续存在的管理及控制问题的另
一种拟解决方案。

21 世纪的智慧城市在响应、适应,甚至预测用户需求和行为的
能力上与前一个时代的智能城市(intelligent cities)或数字城市
(digital cities)不同。在对智慧城市的定义进行评述时,工程及管
理学教授 Vito Albino、Umberto Berardi 和 Rosa Maria Dangelico
指出,过去,智慧城市指的是实施了数字基础设施和 ICT 的城市,
但现在这一术语意味着,这些 ICT 旨在优化每个城市系统,以实现
改善服务和生活质量的目标[10]。城市规划师、国际公认的智慧城

市顾问和作家 Anthony Townsend 总结道："智慧城市是利用信息技术解决问题的地方。"[11]

　　　当前，智慧城市的发展旨在通过不断监测城市活动的传感器及通信系统，采集海量的数据以便快速解决问题。

　　行业新闻机构以及从事智慧城市设计和实施业务的技术开发商们注意到，智慧城市的定义取决于其将智能物联网（Internet on Things，IoT）设备集成到城市发展和规划中的能力、创新性和灵活性[12]。

　　IBM 是 21 世纪初引领智慧城市发展的科技公司之一，它用智慧城市来描述公共服务和基础设施是如何"通过信息技术和数据分析得以增强"[13]。里约热内卢（Rio de Janeiro）的 Centro das Operações do Rio① 及 Centro Integratdo de Comando e Controle② 是早期的基于 IBM 智慧城市愿景的范例。这些大数据中心成立于 2010 年，通过 IBM 公司和里约热内卢市政府的合作，不断采集里约热内卢市内约 30 家公共服务机构的数据，并将其可视化。其中，ICCC 是安全和运营总部，OC 则通过对交通事故、天气状况和电力短缺等的可视化进行预警，覆盖多个不同服务机构的信息，包括垃圾清运、交通运输和公共安全等。

　　城市道路及市政车辆上安装的传感器、摄像头以及 GPS 等设备，负责采集并向数据中心报告实时信息，数据中心的员工及应用软件可以根据这些信息识别并定位需要改进的问题及其模式。2012 年 1 月，里约热内卢市中心有三栋相邻的建筑倒塌了，OC 几乎立即做出了反应，政府官员对此赞叹不已。正如 *New York*

---

　　①　译者注：运营中心（Operation Center，OC）。

　　②　译者注：综合指挥控制中心（Integrated Center of Command and Control，ICCC）。

Times 报道的那样,OC 的员工指挥救护车及救援人员赶赴现场,切断煤气和电力,关闭附近的地铁站,然后在网络上发出了避开该地区的警告,并封锁道路,以确保附近地区的安全[14]。OC 在改善里约热内卢的灾害和应急管理系统,以及管理与洪水有关的山体滑坡等方面功不可没。近一个月之后,在美国加利福尼亚州举办的一场备受瞩目的 TED 会议上,里约热内卢市长 Eduardo Paes 发表了演讲,并与多屏幕数据中心和身着制服的员工进行了视频连线,展示了城市监控系统这一技术奇观,以及他是如何远程管理城市的。

2011 年,在完成里约热内卢市的指挥控制中心建设之前,IBM公司注册了商标:smarter cities,进一步强化了技术在建设智慧城市方面的意义及合作伙伴关系[3]。专门研究信息系统的 Leonidas Anthopoulos 教授追溯了从 20 世纪 90 年代的数字城市、虚拟城市(virtual city)到现在的智慧城市的演变过程[15]。数字城市主要是指在线社区、广泛使用的市域互联网连接以及特定城市的数字信息门户。一个著名的案例是阿姆斯特丹数字城市(Amsterdam Digital City)(1994—2001 年),它是一个类似城市的虚拟社区,用户可以通过一个界面创建自己的主页、新闻组、已分类的兴趣组以及社交聊天空间。Soöderström、Paasche 和 Klauser 将智慧城市的起源追溯到 20 世纪 90 年代,但请注意,在主流英文报刊中,该词描绘的是引入 ICT 或电子政务的城市,这些城市通过吸引高科技产业集群,实现市政系统自动化或促进经济发展[3]。20 世纪 90 年代,这类智慧城市的早期案例还包括澳大利亚阿德莱德(Adelaide)的多功能城邦(Multi-Function Polis,MFP)、马来西亚的普特拉贾亚(Putrajaya)和赛博贾亚(Cyberjaya)、东京的 Teleport 项目,以及计划容纳约 400 座智能建筑(smart buildings)的其他 22 座日本城市。

自从提出将城市及各种都市活动联网的构想,21 世纪初发展起来的"智慧城市"一词,就代表着将 ICT 与城市物理环境的融合。然而,智慧城市中所蕴含的互联互通并不均衡。城市政策教授兼非洲城市中心(African Center for Cities)主任 Edgar Pieterse 指出,世界银行(World Bank)发布的有影响力的城市发展战略(city development strategy)及相关的城市发展指南强调了经济增长与可持续发展以及有针对性的基础设施投资之间的联系。根据 Stephen Graham 和 Simon Marvin 关于城市基础设施私有化以及分拆(unbundling)、分裂(splintering)的基本论点,Pieterse 指出,21 世纪初,某些类型的基础设施开发被视为对经济发展和城市管理更有价值。那些能够支撑经济增长、吸引创业人才和创新型企业、改善"高端服务业和制造业"流动性及安全性需求的高速公路、物流港口、机场以及电信网络被列为优先发展项目[16]。智慧城市的批评者认为,Graham 和 Marvin 的分裂的城市主义(splintering urbanism)被从企业的视角进行了重新诠释,并可能会通过数字媒体的实施和数据驱动的分析导致社会两极分化和不平等。智慧城市开发商认为的有针对性的基础设施投资、有价值的各类活动以及族群类型是后续章节要讨论的核心问题。

大多数对智慧城市的批评集中在由产业战略以及集中化、专有化、技术中心化的城市管理和设计所塑造的意识形态上。智慧城市的显著特征也被解读为过于狭隘,因为它们太注重于技术基础设施而忽视了社会的交互作用,相较于城市开发的其他方面,更热衷于经济发展、区域竞争力和高效的服务。作为这些批评的发起者之一,Hollands 认为,占主流地位的智慧城市模式支持的是当前创业型城市治理以及公共空间商业化、私有化的趋势[17]。一些学者,包括 Rob Kitchin(一位研究城市空间与计算机软件以及大数据间关系的思想领袖)已经将智慧城市定位为城市管理中向新自由主义创业精神(neoliberal entrepreneurship)转变的产物,这种转变也影响了后续提出的全球竞争性城市(globally competitive cities)、可持续发展城市（sustainable cities）以及城市理论家Richard Florida 提出的创意城市（creative city）（或文化多元、社会包容、能吸引人才并促进经济发展的城市）[18]。

新自由主义在智慧城市设计和开发中最极端的例子也许是"从零开始建设型"（smart-from-the-start）城市、遵循智慧城市某些变体模型的白手起家（built from scratch）的新城市或地区（请参阅第 2 章）。这些城市在公共道路上采用商业化的技术和软件，并将公共服务的提供与管理进行了私有化，通常是在可以为企业和资本的跨国流动提供补贴的自由经济区内实施的。城市管理的商业化和新自由主义创业精神，在智慧城市的科技产业、高等院校和市政府之间建立的公私伙伴关系中也很明显。除了政府官员外，这些项目均未经过民主程序，通常是在没有公众参与或审查的情况下运作的，它们明确地把重点放在了投资和创造利润上。这种极端的私有化、公私交流（public-private exchanges）的管制放松，以及市场经济与先进的资本主义塑造智慧城市的方式，导致Adam Greenfield（城市设计师、理论家及著名的智慧城市批评家）认为，智慧城市"很难想象在新自由主义政治经济学之外"可以实施[19]。

学者们和新闻媒体也都在批评企业和市政府展望"智慧"（smartness）的方式。大众传媒学教授 Shannon Mattern 的研究重点是城市空间、城市建筑以及媒体基础设施，她透彻地总结了对占主流地位的智慧城市形象的批评，并警告说"城市不是计算机"[20]。该论据基于这样的思想，即对城市的量化和数据化（datafication）是对城市是什么以及城市是如何运作的，产生的长期的严重误解造成的。这里被批判的关于智慧城市的观点，是它优先考虑的是"智慧"而不是"城市"，其方式是将所有城市活动重新定义为可测量的事务，以方便计算机和数据分析人员处理。企业或供应商驱动的观点，将所有城市问题均转化为可以通过定量方法及设计思维来解决的工程问题。那些质疑主流智慧城市模型的人士认为,由智慧城市开发商倡导的自上而下的技术解决方案导致了人们仅短视地把城市看作一个空间,以及对城市中数字媒体使用的短视理解。在1.2节中,将重点介绍这些承诺和批评在智慧城市发展中的一些表现方式。

1.2　为什么要建设智慧城市

　　智慧城市的开发商们是否清晰地了解城市的真实需求？这一点是需要认真地考量的。对智慧城市建设的批评主要集中在城市发展过程的商业化倾向。与此同时,智慧城市的规划者和满腔热忱的首席信息官们(CIO)在不断重申为什么迫切需要建设智慧城市。其主要观点是：城市需要升级换代以容纳不断增长的人口。智慧城市的各种建设规划和宣传中重复着一个统计数字,即到2050年,全球约有70%的人将生活在城市中。到那时,城市将不堪重负,或至少需要翻天覆地的改造,就像图1-1所示的场景,污染严重、交通堵塞、卫生堪忧、效率低下、危险重重且信息不畅。凡此种种交通拥堵、人群密集的景象,不仅意味着即将来临或实际上已经来到的人口膨胀,而且意味着需要管理和组织大量的实体与数据采集点,如图1-2所示。

　　未来城市人口呈指数级增长,这些人口都需要空间和资源,这都是迫在眉睫的现实需求,必须立即采取行动。为了养活不断增长的人口,适应不断变化的经济、环境以及通信需求,城市必须在生活条件等诸多方面保持灵活、高效以及健康。虽然许多智慧城市开发商都声称城市已经不堪重负,需要尽快进行改造,但也有人仅将智慧城市建设当作一种预防措施。从一个杂乱无序的有机体转型为有序的、现代化的、反应灵敏的、可控的、技术化的系统,城市的这种转型既是智慧城市发展的目标,也是智慧城市发展的迫

图 1-1 韩国新松岛市宣传手册中的城市问题

（来源：Gale International and Kohn Petersen and Fox Associates PC）

图 1-2 美国堪萨斯市的智慧城市解决方案愿景

（来源：City of Kansas City，Missouri，http://kcmo.gov/smartcity/）

切需求。

智慧城市的开发商、科技公司以及政府官员,虽然提出了各种建设智慧城市的理由,但他们都是从自己的视角出发的。比如,开发节能设施的公司将智慧城市建设定位于解决城市的环境问题;销售高科技照明基础设施的公司则会强调城市的公共安全与保障问题;如果某智慧城市的开发商是提供网络管理服务和宽带基础设施的,那么智慧城市的快速响应能力及环境问题就会成为对话的主题。所有这些主张都把智能技术和举措视为可以"改善城市居民的生活质量"的一种"解决方案"。正如西门子公司所说:

> "将来,人们在大城市中的生活可能会比现在更健康、更愉快、更轻松。但这需要我们先把城市变得智慧起来……通往未来的这条道路不是回到前工业化时代。相反,它引领着进入一个数字技术时代,在这个新时代里,城市的运转就像大型计算机一样[21]。"

像计算机一样进行运转被认为是城市的理想选择。计算机可以对数据进行检索、存储、计算和处理。如果城市像计算机一样运转,就可以对其进行编程以得到期望的结果,还可以对城市中的各种活动进行结构化处理。正如以下各节所述,基于当前的新兴技术及对计算机未来发展(如人工智能、物联网和大数据)的展望,计算机带来的好处均被整合到智慧城市的愿景中了。因此,对智慧城市及其愿景的批评,往往与对这些新兴技术及其趋势的批评相互重叠交织[22]。

除了可以依靠计算能力改变未来城市之外,还有其他一些相互关联的智慧城市愿景也声称可以做到这一点。作者将这些主张归纳为:高效率、认知和响应能力、可持续性、经济发展及市民参与度。后续将探讨在主流的智慧城市语境中,这些主张是如何表述的。

1.3 高效的服务供给与优化的基础设施

为了使城市建设的效益更高、效率更高,城市规划和管理者提出了很多与时俱进的发展策略,以便城市居民可以方便地获取各种城市资源。地理学家 Shelton、Zook 和 Wiig 指出了当今智慧城市在技术科学(technoscientific)领域的各种举措,与过去在经济紧缩时期城市增长模式的相似之处[9]。当一个国家乃至全球经济遭受挫折时,城市将围绕着以技术为导向的新管理战略进行重组,包括出行方式、服务的供给以及城市空间的管理。通过新技术对城市的交通管理、垃圾处理、供水网络以及通信系统进行“优化”,这些新技术以较低的成本产出了更高效的成果。在智慧城市范式中,数据“不可阻挡地推动了进步”,并及时给出实时的响应,以简化效率低下的基础架构并节省资金。

关于智慧城市建设的必要性,已经形成共识的是,获得的关于公共服务供给和使用的数据越多,无疑将会使城市运行越高效。公共服务供给通常包括以下几个方面:发生停电故障时,缩短应急响应时间;冬季受暴风雪影响时,将扫雪机及时调配至受灾更严重的地区;根据用电量的增减,重新分配能源供给等。更好的公共服务供给可能还包括根据市民的需求及时或按需提供的其他服务。例如,与商业化的共享经济模型很相似,已在许多城市推行的共享交通服务。当公交系统停运时,市政网站或应用程序 App 可以为居民提供约车或拼车服务。

在商业化的智慧城市开发中,高效率或最优化本身成为最终目标,也变成实现经济增长最大化、增加地方财政收入、减少浪费的一种手段。但是,将效率定位为城市治理的核心,会忽略了城市生活中其他方面的价值。过度关注大量数据带来的效率提升和服务优化,会影响城市居民之间的联系以及人们感知和建构城市的方式。在以高效率和符合经济效益为核心的智慧城市模型中,市民的参与通常就被限定为客户与服务的关系。智慧城市的批评者敦促政策制定者和技术设计师,超越高效率和最优化的局限,思考可以让城市和居民变得更智慧、联系更紧密的其他方式。

1.4 城市认知与响应能力

虽然城市可以说是一个乱糟糟的地方,但思科和 IBM 等公司为城市问题提供了种种解决方案,并致力于提升城市品质(urban performance)。城市问题大致可归类为:公共安全问题(如犯罪与应急响应等)、交通拥堵、人员及货物流动、就业机会、经济增长、低效的资源与基础设施管理以及服务供给。解决方案包括相互链接的数据系统、无处不在的摄像头与传感器、更多的数据采集措施,以上均需要遵循城市认知与响应能力的客户服务模型。智慧城市的开发商们主张,通过采集和处理数据以便做出更明智的决策,并根据计算得出的需求配置城市的各类资源。学术界也认同智慧城市的这种定义。例如,公共行政学者 Taewoo Nam 和技术与治理中心(Center for Technology and Governance)主任 Theresa Pardo 这样描述智慧城市:

> 智慧城市将信息注入其物理基础设施中,以提高便利性,助力移动性,提升效率,节约能源,改善空气和水的质量,发现并快速解决问题,从危机中快速恢复、采集数据以做出更明智的决策,有效配置资源,并共享数据以实现跨实体与跨域的协作[23]。

该定义强调了通过数据采集和分析以及为了公共利益采取行动的能力,从而提高对城市问题的认知。如上所述,城市认知与响应能力往往通过对城市活动、事务及流动性的监控来实施,即监视并了解人与各类对象所处的位置及相互之间的关联,并跟踪他们活动的情况以及消费模式。例如,专业生产 LED 道路照明系统及联网传感器和摄像头的 Sensity Systems 公司,在其宣传材料中强调了监控手段作为城市认知的重要性。该公司在提出的城市解决方案——NetSense 中强调,视频监控、停车场及行人活动的实时数据采集和传输是维护城市道路安全的一种经济有效的方法。Sensity Systems 公司允许政府雇员访问这些数据,以监测能源使用情况,并对城市照明系统中的停电故障及时作出响应。

监控和自我监控并不局限于市政范围内,也有望在家庭及个体身上实施。作者询问了智慧科技公司的销售代表们:提高城市认知将会如何改善人们的日常生活质量?他们讲述了一个失踪儿童的假想案例。在这个虚构的场景中,有个小孩在放学回家的路上迷路了。幸运的是,孩子身上配备了跟踪设备。该设备可以使用公共 WiFi 以及装在路灯上的传感器和摄像头,甚至通过无人机,向孩子的父母和有关当局报告孩子的下落。最终,在智能监控技术的帮助下,孩子得以安全回家。

在智慧城市的宣传材料中,智慧城市能给居民生活带来的好处,还包括医疗保健及可定位、可穿戴技术。政府官员和卫生部门可以通过手机获取相关信息,并通过实时传输重要的生命体征来监测传染病的传播或个人健康状况[24]。智慧城市里的一些设施,如用于医患沟通的壁挂式视频会议系统,可进行急救呼叫的热敏或振动敏感的地砖,被认为是居家养老(aging in place)的解决方案。随着物联网技术融入家庭,家里的药箱会提醒你按时吃药,冰箱会提醒你不要吃太多的冰淇淋,甚至在你没有留意到这些警告时,致电你的营养师。其他一些假想的情景中,会根据自我量化(self-quantification)及可持续性发展的要求进行个性化处理,比如,家里水电消耗超过一定的阈值时,会收到提醒信息。

这种以监控为导向的城市认知与响应能力的观点,要求将城市活动数据化或将城市行为转换为数据。为解决城市问题或需求而开发的各种智慧城市技术,依赖于将城市活动转化为定量数据进行读取,继而对这些活动进行测量及可视化的计算能力。使城市空间与城市生活的各个层面都可见,并由此变得可知或可操作的愿望,引发了人们对隐私、所采集数据的有用性、城市生活某些方面的不可知性(illegibility)的担忧。智慧城市如何处理那些无法观察或计算,却影响着城市进步与体验的各种城市交互活动?智慧城市中对市民的监控及保障市民数字权利的行为准则是什么?所有这些数据都能以有意义的方式进行处理吗?而且尤为重要的是,这些增强的数字基础设施及其采集的数据,是否真的可以改善生活质量?

　　尽管以上问题越来越多地被问到,但是,在智慧城市目前的范式中,几乎没有给出太多解释。相反,量化评估被伪装成客观、中立的指标,诱导政策制定者们将智慧城市中各种复杂的现象进行简化的表述。智慧城市的治理与管理模式依赖于城市活动的量化及可视化,通常没有具体的规则来指导数据的积累与分析,也没有根据发现如何采取行动的策略。尽管从事大数据采集分析的软硬件技术人员和供应商们描绘了大数据如何有用的愿景,但市政当局仍在努力解决如何使这些量化数据以有意义的方式付诸实施。

1.5　智能成长与可持续性

　　正如一位记者所言:"如果把当今的城市看作是活物(living things)的话,她一定是个怪物,每年要疯狂地消耗世界上 75 ％的自然资源。"[25]智慧城市则相反,它呈现了一幅理想化的蓝图(blueprint)或绿图(greenprint),可以使城市在适应日益增长的城市化和人口压力的同时,提升可持续生活的水平[26]。智慧城市支撑起一个近期城市的愿景,在这一愿景中,城市形态和管理实践将预防和补救灾难性的环境弊病,如污染、气候变化以及对自然资源的竞争。

智能地成长与可持续性,是智慧城市如何以及为什么重要的主要脉络。例如,西门子公司在回答"为什么我们需要智慧城市?"时,给出了如下理由:

"因为我们的能源储备有限;因为可再生能源的重要性在日益增大;因为我们被迫有限度地使用资源;因为我们必须认识到,建筑物和城市在这方面可以发挥比我们想象的重要得多的作用[27]。"

西门子公司以上的论据是在说,集成的技术与大数据可以使城市更绿色、更生态、资源的利用率更高,并且有可能实现碳中和(carbon neutral)。该公司辩称,将物联网技术集成到物理系统和管理系统中,并向用户实时报告有关能耗的信息,将带来成本和能源效率的共赢。

城市规划的文献中,智慧城市被理解为新城市主义(new urbanism)的产物,或旨在使拥堵、人口稠密的城市中心变成更加"宜居""绿色"和可持续发展的地方。这种关联源自可持续发展的关键是信息(key to sustainability is information)的思想,即通过采集、分析城市中各种活动的数据,市政当局可以就如何进行监管做出更明智的决定[28]。比如,智慧城市的拥趸认为,通过监控环境污染,饮用水及能源的使用,垃圾清运,以及光照、风力、雨水和温度变化等环境因素,就可以使城市变得更加灵活多样、生态平衡,且能够安全、经济地适应城市人口的增长和变化。数据促进了整个城市系统的"智能",保留了各分层子系统交互的方式。通过传感器来监测诸如二氧化碳排放量、温室气体、能源和公用事业使用等参数,并将结果报告给集中式或开放的网站和数据库,这是智慧城市中常见的举措[29]。拥有大量经 LEED① 认证的建筑、绿地、公交系统、骑行基础设施以及可以回收垃圾、水与能源的系统，这样的城市，在媒体记者和那些喜欢贴标签的人眼里，就可以称之为"生态城市"(eco-cities)了[30,31]。

智慧城市的项目"漂绿"(Greenwashing)及可持续发展的浮夸宣传，常被用来吸引市民的眼球。人们当然更愿意看到整洁、绿色的城市空间，而不是污染严重、乱糟糟的城市景象。但土木、环境及建筑工程领域的研究人员 Valeria Saiu 认为，智慧城市的这种可持续发展的零碳或"生态城市"的定位，一般都会落空。Saiu 概括了对智慧城市设计的一些主要评论：智慧城市迎合的是精英客户；采用了过度程式化(overstylized)及考虑不周(underthought)的技术或建筑设计；市民对智慧城市概念及开发的关注不够等[32]。例如，位于瑞典马尔默(Malmö)Bo01 开发区内的住宅，都装配了巨大的落地玻璃窗，仅仅是为了方便住在里面的富人们欣赏水景，但是这些玻璃窗既不隔热，也不具有成本效益。普通市民并不总是能参与或投资于可持续发展的规划与技术，并且他们可能也不愿意使用，或不愿尽可能多地使用环保型设计。此外，这些生态设计通常不能均衡地应用到所有社区中，这一点也限制了其效果。

1.6　新经济体的经济发展与就业增长

2015 年 12 月，美国交通部发起了"智慧城市挑战"(Smart City Challenge)活动。该项挑战旨在提升城市交通品质(transportation performance)，邀请美国中等规模的城市参加，奖金高达 4000 万美元。获胜城市需"展示先进的数据与智能交通系统应用技术，是如

---

① 译者注：LEED 英文全称为 Leadership in Energy & Environmental Design，即美国能源与环境设计先锋。

何用来减少拥堵、保障旅客安全、保护环境、应对气候变化、连通偏远的社区，以及支撑经济活力的。"[33] 几乎所有的参赛城市都指出，扩充后的交通网络加上有关公交车、自行车或位置共享的数据，通过增强流动性，为居民节省了时间和金钱，创造了新的经济机会。美国交通部在《智慧城市挑战融资机会公告》(Notice of Funding Opportunity for the Smart City Challenge)中明确指出了经济机遇与数据驱动环境之间的联系：

> "很多城市都积极地承诺，将其拥有的数据作为一种战略资产进行管理，并向公众提供开放的、机器可读的数据……这些参赛城市的表现都很优秀，推出了必要的政策措施，鼓励创业精神和创新精神，以求改善居民生活，创造就业机会，刺激经济发展[13]。"

美国交通部并不是唯一的基于经济发展的视角，对智慧城市项目进行竞争性激励的机构。2012 年，英国发起了未来城市示范竞赛(Future Cities Demonstrator Competition)，从服务供给、技术与服务带来的新收入来源等方面，阐述了智慧城市的好处[34]。2016 年，美国智慧城市理事会①准备挑战奖(Smart Cities Council Readiness Challenge Grant)重申了智慧城市在全球经济发展中的竞争优势[35]。即便是以绿色增长与可持续发展为框架的智慧城市融资计划，也将智慧城市模型和技术与地方经济联系起来[36]。

---

① 译者注：美国智慧城市理事会(Smart Cities Council)，是 2012 年成立的一个由知名大学、实验室和标准机构组成的全球最大的智慧城市网络，其核心的三个价值观：宜居性(Livability)——提供清洁健康的生活条件，没有污染和拥堵，数字基础设施可随时随地、即时方便地提供城市服务；工作性(Workability)——提供使能性基础设施，如能源、连接、计算、基本服务，以提高高质量工作岗位全球竞争力；可持续性(Sustainability)——提供服务而不会透支未来。该理事会可以提供智慧城市激活者(Smart Cities Activator)、准备性挑战(Readiness Challenges)、准备工作坊、准备指南(Readiness Guide)和智慧城市周(Smart Cities Week)等方面的免费服务。

智慧城市发展的经济视角通常围绕以下三个主题。

（1）增加了城市的储蓄金。

（2）通过销售智慧城市产品以及企业和人才的孵化带来新的收入来源。

（3）通过吸引跨国企业或新型企业，从而使城市成为经济活动中心。

尽管成本的降低与基础设施及公共服务的优化有关，但收入增长的潜力却蕴含在智慧城市的理念中，即智慧城市可以视为新数字技术的实验室、培养皿或"试验台"。智慧城市作为数字创业的孵化器以及技术与服务的市场，从而得以大力发展。经济发展的前景往往基于这样的理念：智慧城市将具备研发、测试以及向其他城市输出尖端技术、管理技术或数据服务的能力。

与开发出可推广到其他城市的技术一样有价值的，是能做到这一点所带来的声誉。智慧城市的拥趸们非常看重智慧城市对经济发展的象征意义，并将其视为地方品牌和与其他城市进行竞争的优势所在。城市官员与首席信息官们都很乐意接纳这样一种观点，即智慧城市的发展将有助于培育城市形象，使其成为技术进步和智慧增长的领导者，并在"升级换代"以及改善市民生活方面实现创新。

智慧城市的开发是作为一项可以留住劳动力、初创企业以及吸引新企业和人才的战略来推动的。智慧城市的总体规划通常描绘了政府部门、工商界以及高等院校之间强化的合作关系，在这种政产学研关系中，三方实体共同研究开发适销对路的技术、培育高科技企业，并培养劳动力和人才，以支持经济发展。智慧城市许诺通过提供高速网络、先进的商业服务和工作环境，来支持新经济企业的发展。智慧城市的总体规划图、建筑效果图都强调了这些主张，其中包括企业总部和高层建筑的蓝图，这些建筑物里将入驻跨国商业精英及其服务的公司。

　　此外,无处不在的连通性和数据驱动的服务,据称将为此前被边缘化的社区增加就业机会。那些旨在通过增强数字基础设施来改造城市空间的城市,坚持这样的理念:扩大互联网接入将缓解数字鸿沟,并为当地社区带来更多的就业机会。例如,"智慧城市挑战"的愿景中,就讨论了如何通过数据优化的交通服务和便捷的互联网接入来提高流动性,从而使经济困难的社区能够更容易地获得健康的食品、社会服务和就业机会。

　　尽管智慧城市的开发商们吹嘘可在全球经济中增加利润和影响力,但智能技术带来的经济效益一直难以衡量。虽然有城市报告说在公用事业的供给和使用上节省了成本,但智慧城市一直很难获得新型企业和市民的认可。正如本书后续章节将讨论的那样,原本预期会在新建的智慧城市入驻的跨国集团总部未能如约进场。进驻智慧城市的主要是当地的高等院校和科研机构,企业对于搬迁入驻更加踯躅不前、犹豫不决,因此,智慧城市在加快经济发展方面,似乎并没有表现出实质性的推动作用。目前,绿地城市(greenfield cities)的建设成本往往高于其在财政收入或储蓄方面所带来的效益。

　　在改造型智慧城市(retrofitted smart cities)中,为促进经济发展而采纳的智能技术,一般是由当地的初创企业和企业家主导的。已经启动智慧城市建设的地方,往往倾向于利用公众舆论,了解如何借助新的技术和基础设施来积累财富。当地科技企业的员工、企业家与政府官员一道,或组成工作团队,以确定经济发展的方向。

1.7　市民参与和参与式政府

　　智慧城市开发中最难以描述的愿景和理由是市民的参与度问题。开发商们宣扬说,智慧城市为"市民参与"提供了很多新的机会,但却回避界定这种参与到底是什么? 又是如何进行运作的。
经常作为智慧城市中市民参与例证的有电子政务系统及网站可以
让市民远程参与市政厅会议、在家里就可以投诉住宅违规行为、给
政府官员发送电子邮件等。对公众开放相关的数据库,包括 311
求助电话①、区域规划、人口普查数据、法律法规、交通状况、政府预
算等,也被认为是智慧城市努力实现参与式政府的行动。这些举
措扩展了以下观点,高效服务的供给和城市活动数据的访问,将提
高市民的参与度及效力。数据供给与市民参与之间的联系,经常
通过一些轶闻趣事得以流传,如某个市民发现了开放数据库中的
漏洞,并勇敢地向当局进行了举报;某著名科技企业家利用城市大
数据开发了一个应用程序 App;等等。

　　市民参与也被理解为能享受到更便捷的商业服务。在智慧城
市相关的会议及展览中,演讲者们将高科技的体育场馆、露天大商
场等均列入他们的社区开发及市民参与计划中。在 2016 年举办
的千兆城市大会(Gigabit City Conference)上,市民参与被描绘为:
提供新的方式,让市民可以获取他们感兴趣的资源(比如观看家乡
棒球队的比赛),并提供更便利的公共及商业服务。基于这一理
念,在人口稠密地区安装 WiFi 可以大大促进市民参与,人们将可
以更便捷地获取信息、联络彼此,并乐在其中。

　　市民参与的另一个视角来自于民间媒体及以人为本设计的讨
论。例如,美国波士顿的市民创新团队新城市力学(New Urban
Mechanics)致力于开发数字技术,以改善城市服务。与其他市民
参与的想法不同,新城市力学团队倡导:智慧城市技术开发的指导
原则应从降低成本、提高效率,转变为建立社区与城市之间的信
任。从这个角度来说,智慧城市技术人员和应用程序开发商应该

---

　　①　译者注:311 作为美国 911 系统的辅助,属于非紧急求助系统,目的是便于快速
处置报警时间,免费为民众服务,包括水电、交通、道路、卫生,还有向政府反映意见、提
建议、投诉控告等,都可以拨打这个电话,而且也提供多语种的翻译。

咨询社区居民的意见,了解他们的所思所想。

不管具体采取什么方法,市民参与的技术通常都是以 App 的方式,鼓励市民进行监督和报告。例如,许多智慧城市应用程序 App 的功能类似于门户网站,可以汇总市政信息、文件、表格以及政府联络人。其他应用程序 App 允许市民拍照并报告路面的积水、申请公共市政维护、监控校车路线与时间表、以调查或投票的形式征询市民意见等。尽管在智慧城市的讨论中明确表达了市民与城市之间的协作,但是协作的实际效果通常受限于技术支持的程度,以及对市民参与在实践中到底意味着什么的理解。由于缺乏有意义的市民参与,导致人们抨击智慧城市不能满足市民的实际需求,更多地关注了财税多少或精通技术的精英人士的便利,而不是普通的市民赋权和社会正义。

1.8 结束语

上述智慧城市支持者的每一个愿景都是基于智慧城市的主流定义来构建的,即依靠技术解决方案来解决城市问题。一个城市只有在开始衡量这些承诺并进行问责时,才有可能实现这些愿景。

例如,国际上最大的专业技术协会——美国电气电子工程师协会(Institute for Electrical and Electronics Engineers,IEEE),一直致力于根据国际标准化组织的 ISO 37120-*Sustainable cities and communities—Indicators for city services and quality of life* 制定智慧城市绩效标准,该标准描述了一系列衡量城市服务绩效和社会状况的 100 项指标[37]。这个标准最初发布于 2014 年,2018 年进行了修订,提出了衡量经济、环境和气候变化、治理、人口和社会状况、安全和水等类别的量化指标。正如将在第 3 章中讨论的那样,这些指标被用来界定智慧城市中用于采集、分析的数据类型,并被纳入智慧城市显示屏系统(smart city dashboard system),

作为采集和可视化数据的框架。

　　智慧城市的成效很难一概而论,要取决于采用何种智慧城市定义,以及使用哪些指标来衡量。例如,建筑学教授 Andrea Caragliu 及其同事指出,20 世纪 90 年代以技术为中心的智慧城市定义,从当今对城市环境的要求来看就有很大不足。他们进而给出了一个智慧城市的定义,弱化了对信息通信技术的关注,而更多地关注于对人和社会资本的投资,以带来可持续的经济增长、自然资源的有效管理和参与式治理[38]。当前的智慧城市发展模式往往将技术作为经济发展和资源管理的手段或决定因素,而忽视了人力与社会资本、民主进程、财富均衡、市民代理权以及资源获取和工作机会等。

　　正如后续各章所述,针对企业或自上而下的智慧城市发展模型的每种论据,都招致学者、技术设计师、城市规划师、市政官员以及社区活动家的批评。以此为出发点,人们纷纷质疑智慧城市模式是否真的能够兑现其改善城市体验和生活质量的承诺,以及需要付出怎样的代价。虽然近期智慧城市技术层出不穷,但是否有任何证据表明,增强的数字基础设施能够使城市人口受益或显著缓解城市问题?我们应该找寻什么样的证据来证明智慧城市的成功和积极成果?智慧城市是否仅对城市的部分人群有好处,而对其他人群没有好处?对于传统智慧城市模式中被忽略的重大问题,如教育体系的失败、贫困、邻里投资减缩(neighborhood disinvestment)以及经济适用房的匮乏等,这些问题又该怎么办?针对本章评估的主要智慧城市概念,研究人员和设计人员建议,城市应当寻求更具社会公正性与刺激性的城市发展和治理模式。第 2 章将探讨若干著名的、新兴的智慧城市发展模式,参与这些城市项目的商业公司,以及其中采用的商业实践。

参考文献

［1］ A Grand but Last Hurrah［N］. The Advertiser,1996-11-29.

［2］ Hollands R G. Will the Real Smart City Please Stand Up? ［J］. City, 2008,12(3): 303-320.

［3］ Söderström O, Paasche T, Klauser F. Smart Cities as Corporate Storytelling［J］. City,2014,18(3): 307-320.

［4］ Antoine P. Smart Cities: A Spatialised Intelligence［M］. West Sussex, UK: John Wiley & Sons,2015.

［5］ Forrester J. Urban Dynamics ［M］. Portland, OR: Productivity Press,1969.

［6］ Forrester J. The Beginning of System Dynamics ［M］. Stuttgart, Germany,1989.

［7］ Louis Edward Alfeld L E. Urban Dynamics—The First Fifty Years［J］. System Dynamics Review,1995,11(3): 199-217.

［8］ Logan J R, Harvey L. Molotch H L. Urban Fortunes: The Political Economy of Place［M］. Berkeley: University of California Press,1987.

［9］ Shelton T,Zook M,Wiig A. The 'Actually Existing Smart City'［M］. Cambridge Journal of Regions,Economy and Society,2015,8(1): 13-25.

［10］ Albino V, Berardi U, Dangelico R M. Smart Cities: Definitions, Dimensions, Performance, and Initiatives ［J］. Journal of Urban Technology,2015,22(1): 3-21.

［11］ Townsend A M. Smart Cities: Big Data,Civic Hackers,and the Quest for a New Utopia［M］. New York: W. W. Norton,2013: XII.

［12］ Advantech,Intel Plan for Smart Cities and the Internet of Things［J］. Control,2013,26(12): 24-26.

［13］ Back A. IBM Launches a 'Smart City' Project in China［N］. Wall Street Journal,2009-9-17.

［14］ Singer N. I. B. M. Takes 'Smarter Cities' Concept to Rio de Janeiro ［N］. New York Times,2012-03-03.

［15］ Anthopoulos L. Understanding Smart Cities: A Tool for Smart

Government or an Industrial Trick? [M]. Cham,Switzerland: Springer International,2017.

[16] Pieterse E. City Futures: Confronting the Crisis of Urban Development [D]. Chicago: University of Chicago Press,2008.

[17] Hollands R G. Critical Interventions into the Corporate Smart City[J]. Cambridge Journal of Regions, Economy and Society, 2015, 8 (1): 61-77.

[18] Kitchin R. Making Sense of Smart Cities: Addressing Present Shortcomings[J]. Cambridge Journal of Regions,Economy and Society, 2015,8(1): 131-136.

[19] Greenfield A. Against the Smart City[J]. Revista ECO-Pós, 2017, 20(3): 277.

[20] Mattern S. A City Is Not a Computer[N]. Places Journal,2017-02-07.

[21] Smart Cities:Trends[EB/OL]. (2015-06-07). https://www. siemens. com/innovation/en/home/pictures-of-the-future/infrastructure-and-finance/smart-cities-trends. html.

[22] Boyd D,Crawford K. Critical Questions for Big Data[J]. Information Communication and Society,2012,15(5): 662-679.

[23] Taewoo N,Pardo T A. Conceptualizing Smart City with Dimensions of Technology,People,and Institutions[C]// The Proceedings of the 12th Annual International Conference on Digital Government Research. ACM,2011:284.

[24] Steep M,Nabi M. Smart Cities Improve the Health of Their Citizens [N]. Forbes,2016-06-27.

[25] Knight H. The City with a Brain[J]. New Scientist,2010,208(2781): 22-23.

[26] Masdar. About Masdar City[EB/OL]. http://www. masdar. ae/en/ masdar-city/detail/one-of-the-worlds-most-sustainable-communities-masdar-city-is-an-emerging-g.

[27] Siemens—Smart Cities[EB/OL]. [2017-02-25]. http://www. siemens. com/topics/global/en/sustainable-cities/Documents/smart-cities-en/ index. html♯/en/infos/detail.

[28] Kordunsky A. Overcoming the Sustainability Challenge: An Interview

with Guruduth Banavar[J]. Journal of International Affairs,2012, 65(2): 147-153.

[29] Meadows R. San Francisco and Paris Get Smart[J]. Frontiers in Ecology and the Environment,2013,11(4): 172.

[30] Shwayri S. From the New Town to the Ubiquitous Ecocity: A Korean New Urban Type? [J]. Traditional Dwellings and Settlements Review, 2014(26): 79-80.

[31] Post N. Developer Makes Big Waves With World's 'Smartest' Eco-City [J]. ENR: Engineering News-Record,2012,268(2): 42.

[32] Saiu V. The Three Pitfalls of Sustainable City: A Conceptual Framework for Evaluating the Theory-Practice Gap[J]. Sustainability, 2017,9(12).

[33] US Department of Transportation. Smart City Challenge[EB/OL]. https://www. transportation. gov/smartcity.

[34] Buck N T,While A. Competitive urbanism and the limits to smart city innovation: The UK Future Cities initiative[J]. Urban Studies,2017, 54(2): 501-519.

[35] Berst J. How to Guarantee a Win from the Smart Cities Council Readiness Challenge Grants [EB/OL]. (2016-11-03). http:// smartcitiescouncil. com/article/how-guarantee-win-smart-cities-council-readiness-challenge-grants.

[36] European Commission. European Initiative on Smart Cities[EB/OL]. https://setis. ec. europa. eu/set-plan-implementation/technology-roadmaps/ european-initiative-smart-cities.

[37] Mohanty S P,Choppali P U,Kougianos E. Everything You Wanted to Know about Smart Cities: The Internet of Things Is the Backbone[J]. IEEE Consumer Electronics Magazine,2016,5(3): 60-70.

[38] Caragliu A,Del Bo C,Peter Nijkamp P. Smart Cities in Europe[J]. Journal of Urban Technology,2011,18(2): 65-82.

第 2 章

CHAPTER 2

智慧城市的

开发模式

在第 1 章中,作者概括了智慧城市的一些特定概念及开发智慧城市的理由。本章将重点讨论这些愿景如何落地。下面先来分析智慧城市开发的三种主要模式。

(1) 从零开始建设型智慧城市(smart-from-the-start cities)。

(2) 改造型智慧城市(retrofitted smart cities),以强化的数字基础设施、技术和城市管理服务对现有城市进行改造。

(3) 社会型智慧城市(social smart cities),利用数字媒体协同解决城市的共性问题。

三种开发模式背后的意识形态、发展规划及支持政策,相互交叉但又截然不同。本书着重强调三种模式背后的政治因素并对其进行评价,最后,在结束语部分阐述了智慧城市发展需要开拓的资金渠道、商业计划和合作伙伴。

2.1 从零开始建设型智慧城市

从零开始建设型智慧城市是指从头开始建设整个城市,将数字基础设施与数据分析作为其总体规划中不可分割的部分。虽然这类城市相对比较少见,但据新闻报道,目前,亚洲部分国家有若干绿色城市正在规划建设中[1-4]。其他从零开始的智慧项目,一般是作为大城市的一个商业区或组成部分来建设的。美国华盛顿市杜勒斯国际机场(Dulles International Airport)附近正在建设的格拉梅西区(Gramercy District),号称是美国第一个智慧城市开发项目[5],而 Alphabet 公司旗下的 Sidewalk Labs 公司,正在加拿大多伦多市的滨水区(Toronto's waterfront)建设一个智慧社区,入驻该社区的包括谷歌加拿大总部以及其他一些企业和居民[6]。智慧城市建设很容易被发展中国家所接受,因为这些国家往往存在基础设施缺口,公用事业负担也很沉重,并需要在考虑成本效益的基础上,来管理城市活动和监测污染与交通[7]。这类精心规划的城市代表了一种战略性的、跨越式的城市开发模式,推崇城市全球化,并将技术与数据作为解决城市问题的手段。因此,这类城市的建设反映了早期智慧城市发展的典型特征以及缺陷。

从零开始建设型智慧城市努力培育创新的商业区以创造利润,实施城市或区域的振兴计划,吸引外资并引进高端人才。韩国首尔的 U-cities、中国香港的 Cyberport、阿拉伯联合酋长国迪拜的 Media and Internet Cities、肯尼亚内罗毕的 Konza Techno City、新加坡的 One-North、日本东京的 Ubiquitous Technology Project、印度海德拉巴的 HITEC City、Dholera Smart City 和毛里求斯的 Ebene Cybercity 等,都是由国家授权或规划的全球及地区数字媒体与经济活动的承载体,通常是与跨国公司一起合作规划的。这些飞地(enclaves)被冠以"城市"的称号,但与所在城市几乎没有共同的社会及政治特征。使它们"智慧化"的产品和服务,都是由引进的众多跨国企业设计开发的,包括 IBM、思科、通用电气、西门子、微软、飞利浦、甲骨文以及其他科技产业巨头,城市理论家 Dan Hill 将其称为城市智能工业综合体(Urban Intelligence Industrial Complex)[8]。

从零开始建设型智慧城市在规模、人口方面各不相同,但建设成本都很高昂。有些城市规划是扩张性的，内容无所不包，可容纳的居民达3万～100万人，造价数十亿美元。目前正在建设的城市中，葡萄牙的PlanIT Valley计划容纳225 000人，耗资约190亿美元；阿拉伯联合酋长国的Masdar City设计容纳50 000人，估计成本为200亿美元；印度的100个智慧城市估计需要花费1万亿美元，容纳数百万人[9]。但是，在建的这些项目中，许多已经停工或延期了。

　　作为智慧城市开发模式的其中之一，从零开始建设型智慧城市的示范效应影响广泛。参与开发和规划从零开始建设型智慧城市的企业，不加选择地将其开发技术与总体规划输出到全球各个城市。韩国松岛市(Songdo)的开发商——Gale公司及其合作伙伴(包括韩国的政府官员与机构)直言不讳地表示，他们计划向全球输出Songdo智慧城市模式以牟利。在2009年举办的一次科技行业盛会上，Stanley Gale激动地宣布，将在东亚及东南亚地区建设至少20个类似的城市[10]。

　　特别地，自由经济区为从零开始建设型智慧城市提供了有力的支持。这类特区使智慧城市的建设变得更加可行，因为自由经济区可以享受到特殊的财政、税收等政策，这对开发商及跨国公司来说极具吸引力。这些区域通过税收补贴与豁免、廉价的土地价格及房产税、宽松的管理环境，促进了外国资本的直接投资。著名建筑师、城市理论家Keller Easterling将"经济特区"描绘为"提供了一个'白板'(clean slate)且'一站式'(one stop)进入外国经济体的机会。"[11]Easterling解释说，这些特区将自己定位为无障碍财富(unencumbered wealth)的全球性空间，不受诸如劳动力、人权、不公平等传统城市问题的羁绊，并可以享受或维持与所在国完全不同的文化及生活方式[11]。韩国几乎所有的U-city①都建在自由

---

　　① 译者注：U-City是指通过宽带信息网，由城市综合监控中心综合管理数字家庭、电子政务、电子教育、电子环境、电子交通等，在社会各领域谋求发展、提高市民生活水平的Ubiquitous城市化设施。

经济区内,最著名的松岛位于仁川自由经济区(Incheon Free Economic Zone,IFEZ),那里还有另外两个绿地项目[12]。位于阿联酋马斯达尔自由区(Masdar Free Zone)的 Masdar City,提供100%的外资所有权,并免除个人所得税与企业所得税,没有进口关税,也没有资本或利润汇回(repatriation of capital or profits)[13]。印度政府发言人指出,印度的 100 个智慧城市中的大多数都将建在经济特区内[14]。

与任何其他方面的开发相比,从零开始建设型智慧城市更依赖于资本主义的逻辑以及复杂的公私合作伙伴关系。

这类城市可以被解读为重在经济发展,将创业精神置于其他城市价值之上。学者们将智慧城市的发展定位为创业型城市主义(entrepreneurial urbanism)和新自由资本主义(neoliberal capitalism)的新形式,其目的是促进和推动经济增长[15]。由行业倡导的智慧城市委员会(Smart Cities Council),合作伙伴包括思科、通用电气、IBM、万事达卡、微软、威瑞森电信(Verizon)、博莱克威奇(Black and Veatch)、英特尔、沙特电信(Saudi Telecom)、西门子、高通(Qualcomm)、海王星科技集团(Neptune Technology Group)及一些电力与计量技术相关的公司、交通与电网系统相关的公司等,也主要从经济角度阐述了智慧城市的优势:

"智慧城市运动不仅仅是一种趋势,更是一场竞赛。它是一场在全球经济中获得竞争优势的竞赛,是一场创造就业和吸引人才的竞赛[16]。"

可以看出,这里强调的是经济发展的机会,要重新使城市成为全球经济网络的控制与指挥中心,而不在意城市的韧性、可持续性及公平性。城市被定义为基础设施管理系统,而不是人们交流和生活的地方。上述引文表明了建设这类智慧城市的迫切性和竞争的紧迫性。从这个角度看,智慧城市的基础设施建设是必要的,率先实施的城市将会得到丰厚的回报,而其他城市将被远远甩在后面。

被甩在后面的还有城市中的弱势群体和低收入人群。政府往往通过颁布特别法令,使国企或私企以低廉的价格收购土地,或者国家直接从居民手中征用土地,例如,印度 2015 年颁布的《土地征用法令》(Land Acquisition Ordinance)、韩国针对 IFEZ 的一系列土地复垦和补偿法令。土地征用过程一般由私营投资与开发项目推动,政府部门通过签订数十年的租赁合同,或以低于市场的价格将土地出售给私人开发商。印度著名的智慧城市发展专家 Ayona Datta 教授观察到,与美国或西欧不同,印度及南半球(Global South)地区在建设智慧城市过程中,需要征用大量的土地以及农业用地[17]。尽管公众强烈抗议智慧城市发展中的土地权问题,各种纠纷、诉讼也一直不断,但 Datta 指出,印度政府并不在意公众的疾呼,为了更有利于开发商征地,甚至修改了相关的环境影响评价法律(Environmental Impact Assessment law)。

贫民窟及低收入人群的住房,已经不再是阻碍智慧城市开发的因素,随之而来的拆迁也限制了经济适用住房的供给。很多从零开始建设型智慧城市,已经使原住民流离失所。据报道,在印度西部,为了动工建设生态城市 Lavasa,至少有 20 个村庄的居民被驱离故土或只提供低额补偿[18-19]。据印度住房专家测算,平均每小时有 6 间房屋被夷为平地,30 人因智慧城市开发而被迫搬迁[20]。一旦新城建好,公寓、写字楼高昂的价格也在无形中阻止原住人口的回流。

对于将总部搬迁至从零开始建设型智慧城市,跨国公司一直保持观望和保留态度。不过,海外及本土的大学却积极入驻或建立分校[21]。虽然 Masdar City 的设计目标是容纳四五万人,但目前仅有几百名居民,其中大部分是马斯达尔科技学院(Masdar Institute of Science and Technology)的学生[22]。

面对崭新的写字楼和公寓,居民的入驻意愿却很低。一般来说,新城市总是很难在短期内聚集人气,对从零开始建设型智慧城市来说,这一问题尤为突出。智慧城市中的 ICT 及定制服务旨在便于组织复杂的事务、管理大量商品及人员的流动、更有效地利用有限的资源等。当城市人口与事务活动尚未步入正轨时,这些智慧城市技术就会显得无用武之地。比如,参观从零开始建设型智慧城市的访客常常把这些城市形容为鬼城[23]。

自 2009 年以来,作者已经 4 次拜访松岛了。每次拜访,都会在市区里步行数英里,并找一家餐馆,坐一坐,如图 2-1 和图 2-2 所示。整个城市到处都是空空荡荡的,交通也不拥堵,估计从仁川国际机场一直到首尔,交通都会很通畅。风和日丽的时候,中央公园里人会比较多,但绝不至于拥挤。城市也不像其他大都市那样会举办各种各样的活动。跟作者聊过天的人极少将松岛视为智慧城市,而仅仅将它看作是韩国的一处豪华住宅区。有一位大学生,因为姐姐和姐夫住在松岛,所以经常来,他觉得作者把松岛说成是智慧城市很滑稽。他早就忘掉了这座城市的智慧标签,也从来没有感受到这座城市有任何创新的技术。其他几位受访者也持同样观点,他们也不认为松岛有多"智慧",觉得就是个吸引富人眼球的噱头而已。他们对该地区的认识是:毗邻机场的豪华房地产开发项目,拥有一个大型公园,韩国富人聚集的地方。

智慧城市开发商要承担的一个风险是:他们设计的"盒中之城"(city in a box)吸引不到创新型的人才及企业,永远无法成为城市创新中心。Sidewalk Labs 公司在推广其多伦多智慧社区的过程中认识到,自上而下开发的城市缺乏个性和社区文化,对潜在居民也没有吸引力[24]。该项目的管理者指出,他们渴望与多伦多的智慧社区合作,为城市赋予灵魂,共同探索如何更好地应用数字技

图 2-1　松岛空旷的购物广场（作者供图）

图 2-2　松岛空空荡荡的人行道和咖啡馆（作者供图）

术[25]。然而,谷歌公司在加拿大多伦多滨水区的项目,最近出现了大量参与社区开发的专家离职的情况,原因是他们不赞成以不道德的方式采集和共享居民的数据[26]。

2.2　改造型智慧城市

更为常见的智慧城市是根据在从零开始建设型智慧城市中经过检验的技术及规划，在现有城市里实施改造。工业界及政府管理人员经常把这种结合数字基础设施与数据技术，以推动城市治理，并对城市活动做出响应的做法称为"改造"城市。

随着国际上对智慧城市概念的接受，涌现出了不同的区域或地方特色智慧城市改造模式。地方政府管理学教授 Ari-Veikko Anttiroiko 将西方的智慧城市开发形容为"杂乱无序的"（disjointed），认为它们仅是在较小的地域内，采用各种不同的经济模式，以支离破碎的开发计划及时间表，与企业合作进行开发[27]。北美的智慧城市项目与欧洲和亚太地区的模式不同，它们的开发范围及预算都比较有限，并且往往依赖商业化的技术逐步进行实施。美国、加拿大及南美的项目则专注于 ICT 在某一具体领域的实施，如交通、水与能源、公共安全等，而不是在城市中全方位地实施数字技术，进行数据采集[28]。很多研究者也注意到了这些差异，并批评采用智能技术对现有城市进行改造存在与已有的治理体系和社会关系不整合、不兼容的趋势[15]。

投资于用智能基础设施改造城市的公司指出，虽然成本高昂，但从零开始建设型智慧城市的建设比改造现有城市更容易。有趣的是，思科、微软、IBM 等公司认为城市改造的阻力，恰恰正是一个城市的品质所在：人们安居乐业，基础设施由不同的部门进行管理，市民很重视隐私、安全和公平等问题[29]。为了化解以上的阻力，ICT 公司和智慧城市开发商提供了"更简单的解决方案"。有意向改造的城市可以选择小规模的或一次性的自选（la carte）项目，如联网的停车计费器，联网的垃圾桶、传感器及数字照明系统，支持 WiFi 的公交系统等。

虽然"盒中之城"一词被用来批判"一刀切"(one-size-fits-all)的总体规划,但一些企业和咨询公司却在向预算有限的小城市宣传"盒中之城"智慧城市套餐、"综合解决方案"或"即插即用"服务[30-32]。设计和销售"盒中之城"智慧城市套餐的公司,看重的是其平台在其他城市的潜在可复制性,以及由此带来的利润。IBM在里约热内卢和纽约实施的数据分析控制与指挥中心,已经被包装成一套名为"智能运营中心"(Intelligent Operations Center)的软件,可以打包或分拆购买,用于管理水务、交通或公共安全系统[31]。不同版本的"智能运营中心"已经卖给了新加坡、马德里、明尼阿波利斯、印度迪吉港工业区等地,作为其"盒中之城"套餐的一部分。

几乎所有参与智慧城市开发的 ICT 公司都提供某种"盒中之城"套餐。其中一个例子是,微软与总部位于新加坡的 Surbana Jurong 公司合作,向客户销售"盒中之城"套餐。客户城市可以从托管在微软云端的软件和服务中进行选择,并通过 Surbana Jurong 的 dashboard 应用程序 App 进行操作,可以选择的管理和监控的类别包括:"可持续性""效率""人""安全"等。与此相对应的解决方案包括:能源与水管理(可持续性);智能照明,人员流动及服务设施的数据分析(效率);火灾与烟雾探测以及人脸识别(安全);空调与照明的遥控,以及报告 App(人)[32]。政府官员按需进行选择,将这些技术与服务混搭在一起。

虽然现在已经有很多的"智慧城市应用程序",但缺乏总体规划。思科、IBM 等公司建议,智慧城市的建设应从见效快(quick payback)的小项目开始,如基于传感器的垃圾、供水监控等,逐步进行实施,不断地为后续的开发提供动力。这些小项目的成功将成为政府部门永葆智慧城市进步形象的标志。

ICT 行业企业也在以其他更根本的方式影响着智慧城市的开发。拟进行智慧城市建设的地方政府往往要先制定一个数字路线图(digital roadmaps),对市政府关心的数字技术优先事项和开发战略做出规划。该路线图由行业企业及相关咨询委员会共同设计,政府部门将遵循并利用该路线图中给出的最佳方案,以促进各个潜在利益相关者的参与[33]。

从试验台的角度来说,改造型智慧城市与从零开始建设型智慧城市略有不同,前者既是智慧城市路线图与技术的展示厅,也是一个生活实验室。改造型智慧城市通常被开发商称为"生活实验室",是因为它创造了一个可以在现有的城市环境中进行技术整合与测试的空间。这个处于永久测试阶段的城市,成为了技术供应商和私人合作伙伴的卖点。

里约热内卢、桑坦德(Santander)、纽约以及新加坡只是少数的几个用来展示智能技术的城市。位于西班牙北部的中型城市桑坦德,被誉为城市生活实验室和展示厅的典范。SmartSantander 由欧盟委员会资助(约 867 万欧元),作为智能技术与智慧城市开发计划的试验台,该市与西班牙电信公司(Telefónica)、坎塔布里亚大学(University of Cantabria)以及市议会合作,安装了 1.25 万个传感器,监测垃圾、停车、行人和机动车交通、环境与气候以及能源与水消耗等变量。这些传感器的数据通过算法进行评估,并根据接收的信息来改善服务。

桑坦德市还为居民及游客提供了一款智能手机应用程序"The Pace of the City",这是一款参与式传感应用程序,可以供城市推送信息与指南。用户可以将手机作为传感设备,上传 GPS 坐标、声音及温度,并在 SmartSantander 平台上发布当地活动的广告,还可以通过扫描二维码了解整个城市的火车及公交车时刻表,甚至景点的信息。另外一款适用于 Android 设备和 iPhone 的增强现实 App SmartSantanderRA,可提供 2700 个地点的实时信息,并可获取交通及公交车时刻表、海滩摄像头以及天气报告。来自 SmartSantander 的报告指出,由于这些创新,能源成本和垃圾收集量减少了 20％以上,为城市节省了资金和不必要的劳动力[34]。在桑坦德市,通过技术的应用让市民了解到停车位信息以及供水、照明、能源等的使用情况,被誉为是智能技术帮助调控和更有效地分配资源的成功案例。

　　然而,评估智慧城市显示屏、数据实践和运营中心的研究人员注意到,大数据在管理城市方面并不像宣称的那样无缝、全面或有效。苏黎世大学地理学家 Christopher Gaffney 与里约热内卢一家非政府组织的研究协调员 Cerianne Robertson,在对里约热内卢的智慧城市系统进行人种学调查时观察到,城市中安装的数百个摄像头与 GPS 设备只能提供部分的交通及安全状况。研究人员认为,闭路交通摄像头只安装在富人区,并不能提供城市交通和拥堵的整体情况。研究人员还发现了其他的一些缺陷,如运营中心没有对私营的火车和公路系统进行监控。此外,据称里约热内卢安装了监控和警报系统的地方,交通流量明显改善,应急反应时间也相应缩短,但是,这样做的结果会进一步加剧城市社区之间的差距以及潜在的社会分化。

　　改造型智慧城市一般都会采纳监控技术以实现"智能化"。美国很多城市如洛杉矶、圣地亚哥、迈阿密和纽约等都在路灯和屋顶上安装了枪声传感器,配置了诸如 ShotSpotter 之类的系统。但这些举措却遭到了社区居民的抨击。例如,圣地亚哥的居民就抱怨说,在社区安装传感器的决定,事先并没有征询他们的意见,而且采集到的数据使少数族裔社区遭受了过度的监控,警察与社区居民之间很难建立起信任[35]。像 ShotSpotter 之类的技术一般被解读为治标不治本(Band-Aids),而且还会阻碍警察花费时间金钱与社区居民建立信任和伙伴关系。这类的枪声传感器网络及其他监控系统,导致警察过度依赖远程自动警报系统,绕过了可能鼓励市民在犯罪或公共安全事件发生时联系警察的社会关系和外联。其他对警察监视技术的批评主要与其有效性相关,警察部门承认,他们对枪击事件的出警越来越频繁,但并不一定有助于抓到案犯。

　　除公共安全外,改造型智慧城市还建立了监控网络,以实现自我量化管理或自我监控。譬如,在印度的苏拉特(Surat),雨季洪水是一个备受关切的问题,传感器和卫星技术以及自动化气象站的气候数据,与河流、水库水位的信息相结合,应用于洪水早期警报系统[36]。巴塞罗那和旧金山的市政府都投资建设了光纤网络、免费公共 WiFi 以及监测垃圾、空气质量和停车场的传感器。巴塞罗那以资源是否有效利用来衡量其物联网网络,例如公园里的用水情况、更可靠的公交服务以及城市照明,通过吸引人们到城市里来活动,这些资源可以创造更多的利润[37]。传感器网络也被用于电网中,利用 ICT 来检测、监控能源或电力的使用。阿姆斯特丹正在测试一种新型能源系统,在该系统中,户主安装的太阳能板可以连接到智能电网和虚拟电厂,这家名为 Cityzen 的虚拟发电厂在线平台,可以采集每户家庭电能的生产和消费信息,并允许将剩余的能源储存在家中的电池里,或将其出售给电网[38-39]。

　　芝加哥提供了另外一种通过整合各种网络技术以提高城市认知和反应的改造型智慧城市范例。该市的"Array of Things"物联网网络受到了民间媒体技术专家和智慧城市倡导者的赞扬。"Array of Things"由安装在芝加哥全市的 500 个传感器组成,这些传感器采集有关空气质量、气候、噪声以及交通情况的实时数据。该系统由芝加哥大学研究人员与美国能源部阿贡国家实验室(Argonne National Laboratory)以及市政府合作开发,该网络被描述为城市的健康追踪器(fitness tracker)[40]。就像健身手环 fitness 一样,传感器将数据发送到应用程序 App 和显示屏,用户(如城市官员、软件开发人员和研究人员)可以通过预测分析来监控并影响交通管理或气候变化。最终,采集到的数据将被发布到开放数据门户上。芝加哥的首席信息官希望社区能够拥有这些数据的所有权,"想办法利用这些数据来解决他们的问题"。然而,目前还没有太多确凿的实例。芝加哥已经做了大量的努力,让市民参与到关于"Array of Things"的讨论和培训中,并通过各种形式的活动来解决关于隐私问题的关切,但项目最初构思的目标定位公众并没有参与[41]。"Array of Things"计划在西雅图、丹佛、墨西哥城和阿姆斯特丹等城市推广,而印度和东南亚的城市也对此非常感兴趣[42]。

如果只是零星地选购了"盒中之城"套餐中的部分产品,那么就很难衡量这种改造型智慧城市是否取得了成功。因为这些产品和服务之间并没有相互集成,也未将其输出的数据集成到已有的城市管理系统中去。如果员工没有接受过相关的培训,不知道要按规定的方法对系统做出响应,或者没有必需的资源来调配,那么理想的智慧城市转型就不可能实现。智能技术可以用钱买,也可以畅想智能技术的美好愿景,但城市管理者必须理清思路,是否能够以及如何才能利用好采集到的数据。

2.3 社会型智慧城市

智慧城市的规划设计者们专注于利用技术实现"随时随地"(anytime,anywhere)[43]的无缝连接,以便管理城市空间。然而,企业专家、评审委员以及行业推广者们认为,最成功的智慧城市并非是仅仅利用科技的力量缓解城市贫困现象、重新评估城市治理中歧视性的某些做法,或是重新进行资源分配,而是"那些能够紧跟科技发展潮流"、拥抱"颠覆性"技术并通过"实际检验"(live experimentation)来提高运行效率的城市[44],这些城市可以将摩擦降至最低甚至消除,从而有利于最优化的实施和效率的提升,但同时会损害城市中的社会性生活。

　　因此，研究人员和城市规划者们提出，智慧城市要将社会性作为城市建设的动力。与由供应商驱动、技术决定论的方法不同，部分智慧城市的规划师和研究者主张，应优先考虑城市的所在地、市民之间的社会交流和体验，以及他们经常参与活动的场所建设。

　　建筑与城市设计教授 Katharine Willis 与 Alessandro Aurigi 认为，智慧城市开发者应将城市看作一系列持续的、社会建构的活动，并将技术应用于市民的日常生活中[45]。麻省理工学院可感知城市实验室（Senseable City Lab）主任 Carlo Ratti 教授，和 Anthony Townsend 教授都认为，社会性而非效率才是包括智慧城市在内的所有城市的"杀手锏"[46]。这些学者们认为，由于只关注效率，智慧城市的规划者摒弃了市民社会的基础，如社会凝聚力和民主治理等，而倾向于最优化以及对环境和人们行为的控制。与其采用预测性分析来规范城市行为，不如与市民协同共建城市，并主动与市民合作塑造城市环境[47-52]。总而言之，智慧城市应该是一个社会型城市。

　　社会型城市意在将智慧城市从只是采集市民的数据，转变为通过数字媒体的赋能，将市民变为城市的"生产者"。研究人员 Michiel de Lange 与 Martin de Waal 关注于数字媒体与城市文化之间的关系，并将社会型城市定位于参与式文化、集体智慧、DIY 黑客文化及社会伦理的语境，不同的人群可以聚集在一起共同解决关心的问题[49]。Adam Greenfield 将类似的权力与设计转变称为自下而上的"自发性的秩序"，也就是 Jane Jacobs 所说的通过自愿劳动和行为产生的秩序。

　　与供应商驱动理论所宣扬的技术的优化与效率不同，智慧城市发展的社会化方法强调，作为参与式文化的实践，应该在公共空间创造性地使用数字技术。例如，Scott McQuire 认为，通常被用作数字广告牌的大型公共显示屏,可以被用来促进城市街头的公众互动[53]。文化与传播学教授 McQuire 是新媒体与城市主义领域的专家,他观察到英国曼彻斯特市的公共空间广播(public space broadcasting)示范项目,是如何通过公共显示屏展示社区自制的视频、新媒体艺术以及由各地方议会和社区组织提供的特定互动内容,促进了城市里集体性活动的开展以及人们之间的交流。

艺术家和科技设计师们已经在利用公共显示屏及个人智能手机,通过促进社会互动和鼓励对城市空间进行趣味探索。但是,这些工作的目的并不是要建设智慧城市,通常仅仅是一些创造性场所的建设项目。例如,科罗拉多州丹佛市的一位当地艺术家,在美国国家艺术基金会(National Endowment for the Arts)的资助及丹佛市合伙人计划(Downtown Denver Partnership)的支持下,将该市的两个街区改造成了露天电子游戏场[54]。在那里,市民可以利用自己的身体和手机来控制游戏里的虚拟人物(大多数动画形象的设计灵感源于当地的图腾或地标),并可以通过共享大屏幕进行游戏的设置。通过这个广受欢迎、为期一个月的露天电子游戏活动,艺术家们的意图与智慧城市建设的目的不谋而合,比如创建有韧性的城市、将市民联系在一起、创造新的经济机会和更加安全的社区等[55]。但是,艺术家们仅仅将街头的社交、创造力以及游戏活动,作为实现上述目标的手段而已。

> 强调社会性和以人为本,可以将智慧城市的讨论从因技术而智能,转变为因人们在生活中使用并共同创造这些技术而智能。

在市民、市民的日常生活以及数字技术之间存在潜在的反馈闭环,最常见的一个实例便是参与式数据开放项目。世界上很多城市都有数据开放项目或门户网站,任何人都可以通过这些网站自由访问、下载城市的数据,还可以利用这些数据进行应用程序开发。Dataportals.org 就是一个由数据专家,政府和非政府组织代表维护的网站,该网站确认,在全球范围内已有超过 550 多个开放数据门户。

一些城市拥有大量关于城市活动的数据和统计资料,如犯罪率、能源绩效情况、注册企业数、各种各样的公告及许可证等,而更多的城市通过举办编程马拉松(hackathons),培训或鼓励市民将这些数据用来实现自己的目标。编程马拉松的参与性,鼓励市民以特有的方式使用城市数据,并对其进行重新解读,也鼓励市民将开放数据用于创新创业中。

城市的开放数据编程马拉松活动已被用来将各利益相关者聚集在一起,协作解决某个特定区域或社区的具体问题。例如,美国纽约雪城(Syracuse,New York)市长 Stephanie Miner 想优先解决老化的城市基础设施问题,需要大规模进行供水管网和道路的修缮。2015 年,该市向辖区的科技创业公司寻求帮助,在城市里的卡车和扫雪车上安装了称为道路质量识别装置(Street Quality Identification Devices,SQUID)的传感器,以监测道路状况。此外,还在供水管道上安装了磁性传感器,以准确检测漏水的位置和程度。在积累了大量供水及道路数据后,该市与 AT&T 公司、雪城大学(Syracuse University)合作,举办了两次名为"雪城道路挑战赛"(Syracuse Roads Challenge)的编程马拉松活动,鼓励参赛者利用城市交通基础设施数据,为改善交通和道路状况提出新想法。雪城市长以及首席数据官都认为,理想的编程马拉松活动不仅可以改善基础设施,开发出应用程序 App 或新产品,还可以帮助社区成员一起合作,更加了解自己的城市。正如雪城市首席数据官所言:"当城市向公众提供大数据时,人们可以清楚地看到城市是如何运作的……当人们看到扫雪机的分布状况时,可以帮助我们更好地把工作做好,这个平台有助于我们进行对话,共同应对城市里的各种挑战。"[56]综上所述,数据采集、开放数据以及编程马拉松活动,通常被认为是市民、研究人员、企业和政府就共同的重大城市问题展开对话和促进合作的途径。

社会型城市的理念并不否认数字媒体对市民和政府都是有益的,而是对数字媒体在城市中被预想和接纳的方式持批评态度。虽然社会型城市的话题仍然集中在城市的数字媒体基础设施及数据上,但给出了更多参与性、开放性或自下而上的互动方式。社会型城市的倡导者们提倡以不同的方式创造和实施数字技术,以不同的方法采集和利用数据,以不同的形式进行城市体验,最终实现城市发展的目标。

社会型城市强调市民的参与和管理,市民作为民主或基层组织的一部分应积极参与到城市的建设中,而不是把市民当作产生黑匣子数据的旁观者。

受人尊敬的城市社会学家、全球化进程与人口迁移的权威人士 Saskia Sassen 在呼吁开源城市主义(open-source urbanism)时,将这些观点纳入了市民驱动型智慧城市的设计中,即一座城市及其市民利用个人的城市体验,与试图改变城市空间的强大力量抗衡[57]。在她的设想中,利用信息通信技术建立城市维基解密(urban Wikileaks)系统,采纳市民的建议,将城市里的知识和信息从街区流转到政府部门,并进行横向传递,让市民能够相互交流和学习。

有些技术人员在进行智慧城市开发设计时,已经将这一愿景铭记于心。比如,LocalData 就是由来自 Code for America 的三位同事与底特律市政府合作推出的应用程序 App,可以用来采集并在地图上标识社区的状态信息(如建筑物或财产的损毁、快递的配送路线、空置或废弃的建筑、环境问题等),这些信息都是由社区提供的[58]。这款非商业性的应用程序 App 将专业的规划工具提供给社区及其住户,以促进市民参与城市的规划工作。同样,世界各

地的社区也利用位于肯尼亚的软件平台 Ushahidi,实时采集并可
视化众包及地理编码的信息,在突发或紧急情况下以及抗议或选
举期间,向公众提供信息。自 2008 年推出以来,Ushahidi 的众图
(crowdmapping)软件在应对和采集有关环境污染、政治危机、性骚
扰以及性贿赂等信息方面,一直被视为比政府更加高效快捷。城
市的社区组织者还利用 Ushahidi 平台绘制骑行路线图,提供社区
的旅行指南,甚至可以帮助定位城市的圣诞节灯光秀。

　　社会型智慧城市模式,比起从零开始建设型智慧城市或改造
型智慧城市模式,更突出了这样一个事实,即大多数人每天都有一
定的机会接触移动或数字技术,并对如何解决共同的城市问题有
一定的理解或建议。市民可以利用数字媒体要求获得城市生活和
体验所需的资源,并有可能重新评估歧视性的城市管理方式或做
法。社会型城市背后的概念与第 4 章中将要阐述的关于智慧市民
和市民参与的新理念有关。

2.4　业务与筹资模式

2.4.1　供应商驱动的"回音室"①

　　商业化市场和科技公司对智慧城市开发的塑造非常明显。兜
售"智能技术"的供应商们大肆鼓吹他们的产品和服务。他们发挥
的作用可以分为三方面:一是参与制定了城市总体规划或为其提
供咨询;二是建立了政府与社会资本合作模式(Public-Private
Partnership,PPP);三是赞助为智慧城市项目设立最佳实践奖项

---

　　① 译者注:"echo chamber",回音室效应。原本指的是"录音时为制造回声效果而
建立的回音室"。但现在,我们多用它来比喻"人际交流过程中,只承认或接受与自己的
观点相近的回应"。回音室效应形象地体现了如今社交媒体上的一种普遍现象——由
于相同的观点被人不断地重复、夸大,因此很难听到质疑的声音。

的组织。获胜的城市可能会从与该奖项相关的科技公司那里获得咨询、举办研讨会，甚至其他相关的服务。例如，智慧城市委员会的挑战赛（Smart Cities Council Readiness Challenge Grant）就为获奖城市提供"免费的全市网络、道路照明检查、建筑物核查等"，包括由赞助和评奖的公司提供的"数十万美元的帮助、产品和服务"[16]。

　　通过参与这些比赛，市政府将自己的智慧城市发展模式一览无余地暴露给企业。思科公司为我们提供了这样一个范例。该公司与智慧城市发展与咨询委员会合作，并通过其城市基础设施融资计划（City Infrastructure Financing Acceleration Program）为潜在的智慧城市提供资金支持[59]。该公司至少为印度 4 个智慧城市编制了 ICT 总体规划，并与电子城市工业协会（Electronic City Industrial Association，ELCIA）合作，建立了一个物联网和软件开发中心[14]。思科公司还为本书中提到的几乎所有城市，包括松岛、堪萨斯城、芝加哥、巴塞罗那等提供咨询、合作、技术或基础设施管理服务。另外一个可以反映这种回音室效应的例子就是 Marketplace. city 网站——2017 年世界智慧城市博览会创新创意奖（World Smart City Expo Innovative Idea Award）的获得者。该网站为政府与销售智慧城市"解决方案"的公司之间提供了一个对接平台。该项目实际上强化了当前智慧城市的发展模式，即政府实际上是以客户的身份去购买科技公司的设计方案。这种数据库及其相应的配对服务将供应商（科技公司）定位为智慧城市开发的远见卓识者和推动者，同时又被他们赞助的组织视为具有独特的创新性。

　　整个智慧城市开发的生态系统使得智慧城市是什么、为谁服务以及是如何建设和融资等更加具体化了。将智慧城市理想化为示范性城市的说法源自城市外部，往往由企业技术部门来阐释。这些企业都拥有内部实验室或计划，致力于智慧城市的开发。比如 IBM 在 21 世纪初提出了"更智慧的星球"(Smarter Planet)计划,思科一直在推动"智慧＋互联社区"(Smart＋Connected Communities)计划,微软则在其 CityNext 计划下致力于智慧城市相关项目。万事达卡重塑了其支付产品和服务品牌,并与公共和私营部门实体合作,提供"互联解决方案"(connected solutions),作为其"City Possible 计划"的一部分。

这些公司为城市提供咨询、担任顾问委员会成员或赞助推动智慧城市发展的组织(如 Smart Cities Council、Digi. City、Smart City World Expo、Gigabit Cities 等)。这些组织不但发布关于智慧城市发展的报告和指南,而且还为城市提供奖金和融资机会。智慧城市委员会(Smart Cities Council)发布了一份免费的"智慧城市准备指南"(Smart Cities Readiness Guide),通过勾选一份清单,就可以检查你所在城市的智慧程度。该指南的每一章都有类似于宣传 ICT 公司服务及产品的广告页面。清单中包括诸如仪器仪表、连接性、安全与隐私以及数据管理等类别的内容,随后会给出满足以上类别目标的技术建议。像 Digi. City 之类的组织就声称可以为智慧城市的官员提供最佳实践经验。另一个类似的组织 Smart Cities Connect 则称,通过网络研讨会、最佳实践经验、发展趋势研判、案例研究和大型会议等方式,"我们加速了智慧城市的发展和赋能"。该组织还主持了一个"专属的城市优先的对等网络",专业人士和遴选出来的领导人可以在该网络上分享有关智慧城市发展的信息。

这些组织的代表在 IEEE 等举办的国际会议、智库主办的研讨会、智慧城市峰会和博览会上发表演讲,城市官员和学者也会出席这些会议。在会议上,很少能听到反对的声音。相反,这些会议强化了智慧城市发展的规划,变成了合作伙伴的"回音室",政策制定者听到的也都是这些不断强化的声音和观点。智慧城市博览会及活动为政府管理人员提供了与销售产品和服务的初创企业及 ICT

公司交流的机会。政府部门和私营企业之间的界限越来越模糊，像智慧城市博览会这样的峰会，参展商大厅里挤满了政府代表和ICT公司，展示这些公司的硬件、软件和总体规划，同时也为初创企业提供了向潜在投资者推介服务和产品的空间。这些活动有时也是一种对接会（matchmaking session），让科技公司与城市进行匹配，进一步讨论相关的产品和服务。

2.4.2 筹资

2014年，思科和智慧城市委员会对美国境内的市政高管进行的一项民意调查显示，无法获得开发所需要的资金是智慧城市发展的最大障碍[33]。思科和智慧城市委员会的这份报告是2.4.1节提到的企业"回音室"的一个例证。思科发现资金问题是开发智慧城市的一个障碍，并发表了他们的研究结果，然后制订了"城市基础设施融资加速计划"（City Infrastructure Financing Acceleration Program），以资助购买了思科产品与服务的城市。在被调查的城市中，目前采用的或计划采用的筹资方式包括政府发行的债券、用户付费、PPP模式或其他融资渠道。从零开始建设型智慧城市一般会采用多种融资策略，包括PPP模式、股权投资和债务市场来为项目融资。根据国家及地方的政策，从零开始建设型智慧城市的PPP模式涵盖国内和国际的合作伙伴。例如，印度多个智慧城市的资金来自日本国际株式会社（Japan International Corporation Agency）、英国及新加坡的全球咨询公司、IBM、思科、微软、美印商业委员会（US-India Business Council）以及其他的地方和国家代理机构的PPP资助[14]。为了完成韩国U-cities的建设，韩国政府机关（包括信息通信部和建设交通部）、首尔市政府、韩国国内IT和建筑企业（如LG、KT、三星和浦项制铁POSCO Steel）、国际开发商（如Gale公司）、IT公司（如思科、3M、美国联合技术公司UTX）、国际建筑商（如总部位于美国的Kohn Pedersen、

Fox)、韩国国内及国际大学里的专家学者以及高科技顾问等,都作为发起人和合作者聚集在了一起。

联邦政府、私人基金会或企业以财政奖励、产品或服务等形式提供捐赠资金的竞赛层出不穷。印度通过政府组织的"城市挑战赛"(City Challenge Competition)来遴选从零开始建设型和改造型智慧城市,美国交通部和加拿大基础设施部(Infrastructure Canada)举办了备受关注的智慧城市挑战赛(Smart Cities Challenges)。在欧洲,一些城市获得了欧盟委员会第七研究与技术发展框架计划(European Commission's 7th Framework Program for Research and Technological Development,FP7)的慷慨资助,用于发展智慧城市项目。该计划为期 7 年(2007—2013年),向欧洲的科技产业项目提供了 500 亿欧元的资金,资助欧盟相关政策的研究,鼓励欧盟成员国提高国际竞争力。FP7 拨款直接资助智慧城市基础设施和技术开发,向研究人员提供资金,并在某些情况下补贴和激励市民参与智慧城市计划。FP7 部分地资助了阿姆斯特丹智慧城市(Amsterdam Smart City)项目,房东和房产开发商可以申请高达 260 万欧元的资金,对建筑物进行技术改造,以大幅减少二氧化碳排放并连接到智能电网[60]。

业界赞助的 US Ignite、Smart Cities Connect、IDC 以及智慧城市委员会提供了各种资助和奖金,包括 Smart City Readiness Challenge Grants、Smart 50 Awards、the IDC Smart Cities North America Awards 等。全球的城市在智慧城市博览会上争夺世界智慧城市奖,IBM 也举办自己的智慧城市挑战赛。Bloomberg Foundation、Code for America、Knight Foundation、European Innovation Partnership on Smart Cities and Communities 以及 Digi. City 等组织,都为智慧城市计划提供了资助。

2.4.3　PPP 模式

众多宣扬智慧城市的组织还积极推动为智慧城市筹资的 PPP 模式。这些由行业赞助的组织在愿意投资智慧城市的企业实体和市政府之间充当联络人。从零开始建设型和改造型智慧城市通常是通过 PPP——各地方机构（公共部门）与营利组织或公司（私营部门）之间的合同协议来建设的。根据这些协议,私营部门往往承担更多的风险和管理责任,但可以从销售、服务提供和/或业绩方面得到回报。这种伙伴关系通常是长期的。

就 PPP 协议和项目管理而言,智慧城市开发中通常有三种主要的商业模式:建设-运营-移交（Build-Operate-Transfer,BOT）（有时是建设-自有-运营-移交,build-own-operate-transfer）、建设-运营-兼容（Build-Operate-Comply,BOC）和市政自有部署（Municipal-Owned Deployment,MOD）[61]。城市可以选择自己作为唯一的投资者,如建设-拥有-运营（Build-Own-Operate,BOO）模式,并对融资、投资回报和智慧城市网络运营保持更多的控制权,但与 PPP 相比,这种融资模式比较少见。BOT 模式相当普遍,它体现了私营部门合作伙伴承担的指数级风险和投资。在这种模式下,私营部门合作伙伴在规定的时间内安装、部署和管理基础设施与服务,然后再将管理权移交给城市。市政当局可以选择采用开放的商业模式,由市政府制定路权指南和条例,并与各公司签订合同,建设基础设施和提供服务。虽然 PPP 和 BOT 是目前流行的融资策略,但来自私营和公共部门的研究人员与分析人士指出,基础设施项目的 PPP 模式往往会失败。此外,基础设施的市场借贷和债务融资具有很大的风险和不确定性[14]。

虽然智慧城市建设依赖于外部专家的趋势仍在延续,但也要努力培养本土数据分析、编码、智慧城市开发与治理方面的人才。我们要鼓励民间企业家为本地初创企业提供资金,委托本地的大学教授和研究生进行技术开发和/或数据分析,这些都是官方或非官方智慧城市规划伙伴关系的不同形式。

2.5 结束语

本书第 1 章介绍了目前流行的一些智慧城市开发的理由和主要内涵。本章重点介绍了制定智慧城市规划的主流和新兴模式。虽然从零开始建设型和改造型智慧城市代表着一些学者所谓的智慧城市 1.0 版(Smart City 1.0)[62],但社会型智慧城市从新的视角阐释了智慧城市的技术理念,即利用智慧城市技术来促进民主进程、市民效率以及协同合作。

在智慧城市委员会以及思科、IBM 等公司发布的报告和白皮书中,对智慧城市的建设进行了很好的实践范例介绍,这些范例将企业本身作为推动智慧城市开发的必要的合作伙伴。这些文件、会议、融资机会、比赛以及奖项,在智慧城市开发中扮演着双重角色:它们在报告研究结果的同时,也在说服潜在的客户。在宣扬某特定的智慧城市模式时,他们也在兜售自己的产品和服务。

私营合作伙伴往往在智慧城市发展中保持着极大比例的影响力,并从智慧城市开发中攫取利益。批评智慧城市没有内涵、缺乏预定的目标、无法评估或难以获得广泛的利益等等,反而为私营企业提供了更多的主导空间。假如销售智能技术的那些公司主导了对城市问题的理解,并为解决这些问题提出了相应的方案,那么市政当局就会受到一刀切(one-size-fits-all)的智慧城市模式的影响。在美国,一些政府公共部门如美国国家标准与技术研究所(National Institute of Standards and Technology)和美国商务部,都在进行智慧城市发展框架的研究[63]。然而,研究智慧城市开发的国家机构很少对智慧城市的基本概念和目标提出质疑或批评。充其量,国家机构为有兴趣的城市领导者制定了智慧城市创建路线图、开放数据计划和融资机会的指南及最佳实践。

　　第3章的重点集中在技术及其使用,它们为智慧城市的愿景提供了依据。虽然已经提到了多种"智能"技术,但本章总结了智慧城市中常见的技术设计,并阐释了关于这些技术应该如何构建城市空间和城市生活的故事。

参考文献

[1] Aditi Shah A. India Builds First 'Smart' City as Urban Population Swells[N]. Reuters,15,2015-04-15.

[2] Lodha A, Subbu Narayanswamy S. Creating a 'Smart City' from the Ground up in India[EB/OL]. 2017-01-01. https://www.mckinsey.com/industries/capital-projects-and-infrastructure/our-insights/creating-a-smart-city-from-the-ground-up-in-india.

[3] PTI. China Has Highest Number of Smart City Pilot Projects: Report [N]. Economic Times,2018-02-20.

[4] Anderlini J. China's Next 'City from Scratch' Called into Question[N]. *Financial Times*,2017-06-07.

[5] The Next Silicon Valley. DISCOVER: Gramercy District, the USA's Smart City in a Box—The Next Silicon Valley[EB/OL]. (2017-04-22). http://www.thenextsiliconvalley.com/2017/04/22/3210discover-gramercy-district-the-usas-smart-city-in-a-box/.

[6] Sidewalk Toronto. New District in Toronto Will Tackle the Challenges of Urban Growth[EB/OL]. (2017-11-17). www.sidewalktoronto.ca.

[7] Toesland F. Smart from the Start Cities: The Way Forward[EB/OL]. (2016-03-30). https://www.raconteur.net/technology/smart-from-the-start-cities-is-the-way-forward.

[8] Kresin F. A Manifesto for Smart Citizens[M]//Hemment D,Townsend A. Smart Citizens. Manchester: Future Everything Publications,2013:91-94.

[9] Jaffe E. How Are Those Cities of the Future Coming Along? [EB/OL].

(2013-09-11). http://www. theatlanticcities. com/technology/2013/09/
how-are-those-cities-future-coming-along/6855/.

[10] Lindsay G. Cisco's Big Bet on New Songdo: Creating Cities from
Scratch [EB/OL]. (2010-02-01). http://www. fastcompany. com/
1514547/ciscos-big-bet-new-songdo-creating-cities-scratch.

[11] Easterling K. The Zone [M]//De Baan C, Declerck J, Patteeuw V.
Visionary Power: Producing the Contemporar City. Rotterdam: NAi
Publishers,2007:75.

[12] IFEZ Project Handbook: We Build on Success[R]. Public Relations
Office of Incheon Free Economic Zone Authority, Incheon, Korea,
2011-12.

[13] Masdar City Free Zone: Become a Masdar City Client[EB/OL]. (2013-
02-01). http://www. masdarcityfreezone. com/why-masdar/benefits.

[14] Souvanic R. The Smart City Paradigm in India: Issues and Challenges
of Sustainability and Inclusiveness[J]. Social Scientist,2016,44(5/6):
29-48.

[15] Shelton T,Zook M,Wiig A. The 'Actually Existing Smart City'[J].
Cambridge Journal of Regions, Economy and Society, 2015, 8 (1):
13-25.

[16] Berst J. How to Guarantee a Win from the Smart Cities Council
Readiness Challenge Grants [EB/OL]. (2016-11-03). http://
smartcitiescouncil. com/article/how-guarantee-win-smart-cities-council-
readiness-challenge-grants.

[17] Datta A. What Is Smart about Smart Cities? A Response from the
Global South[EB/OL]. (2013-06-03). https://ayonadatta. com/2013/
06/smart-cities-global-south/.

[18] Kennard M,Provost C. Inside Lavasa,India's First Entirely Private City
Built from Scratch[N]. Guardian,2015-11-19.

[19] Saiu V. The Three Pitfalls of Sustainable City: A Conceptual
Framework for Evaluating the Theory-Practice Gap[J]. Sustainability,
2017,9(12):2311.

[20] Chandran R. India Evicting 30 People an Hour as Cities Modernize—
Activists[N]. Reuters,2018-02-23.

[21] Jaffe. How Are Those Cities of the Future Coming Along?

[22] Quaile I. Masdar Eco-City Rebounds after Setbacks[EB/OL]. (2013-12-03). http://www. dw. com/en/masdar-eco-city-rebounds-after-setbacks/a-16664316.

[23] Songdo：No Man's City [EB/OL]. (2016-10-14). https://www. koreaexpose. com/songdo-no-mans-city/.

[24] Harris B. A Smart City Is Being Built in Toronto[EB/OL]. (2017-10-26). https://www. weforum. org/agenda/2017/10/google-parent-alphabet-is-building-a-model-smart-city-district-but-will-people-want-to-live-there/.

[25] Bliss L. Toronto's 'Smart City' Could Be a Blueprint for Developers [EB/OL]. (2018-01-09). https://www. citylab. com/design/2018/01/when-a-tech-giant-plays-waterfront-developer/549590/.

[26] Plautz J. Sidewalk Labs Advisor Quits Toronto Project over Privacy Concerns，[EB/OL]. (2018-10-08). https://www. smartcitiesdive. com/news/sidewalk-labs-advisor-quits-toronto-project-over-privacy-concerns/539034/.

[27] Anttiroiko A. U-Cities Reshaping Our Future：Reflections on Ubiquitous Infrastructure as an Enabler of Smart Urban Development[J]. AI & Society Journal of Knowledge，Culture and Communication，2013，28(1)：491-507.

[28] Smart Cities to Rise Fourfold in Number from 2013 to 2025[EB/OL]. (2014-07-29). http://news. ihsmarkit. com/press-release/design-supply-chain-media/smart-cities-rise-fourfold-number-2013-2025.

[29] Deign J. Retrofitting Smart Cities[EB/OL]. (2014-09-17). https://newsroom. cisco. com/feature-content? type = webcontent&articleId = 1489176.

[30] Smart City in a Box[EB/OL]. (2018-04-09). http://www. epic-cities. eu/content/smart-city-box.

[31] Lindsay G. IBM Offers Cash-Strapped Mayors a Smarter City-in-a-Box [EB/OL]. Fast Company，June 6，2011.

[32] Surbana Jurong and Microsoft Develop Cloud-Based Smart City in a Box Solutions，Enhance App Offerings[EB/OL]. (2016-11-25). https://

news. microsoft. com/en-sg/2016/11/25/surbana-jurong-and-microsoft-develop-cloud-based-smart-city-in-a-box-solutions-enhance-app-offerings/.

[33] Smart City Readiness Guide: The Planning Manual for Building Tomorrow's CitiesToday [EB/OL]. https://readinessguide. smartcitiescouncil. com/.

[34] Santander: The Smartest SmartCity[EB/OL]. (2014-05-01). http://www. governing. com/topics/urban/gov-santander-spain-smart-city. html.

[35] Winkley L. San Diego Police to Continue Using Gunshot Detection System,despite Some Criticism[N]. San Diego Union-Tribune,2017-10-07.

[36] Byrnes N. Cities Find Rewards in Cheap Technologies [J]. MIT Technology Review,2015,118(1):59-61.

[37] Tieman R. Barcelona:Smart City Revolution in Progress[N]. Financial Times,2017-10-25.

[38] Gil-Castineira F, Costa-Montenegro E, Gonzalez-Castano F, et al. Experiences inside the Ubiquitous Oulu Smart City[J]. Computer, 2011,44(6): 48-55.

[39] van der Stoep A. City-Zen: Virtual Power Plant[EB/OL]. (2018-10-29). https://amsterdamsmartcity. com/projects/city-zen-virtual-power-plant.

[40] Mitchum R. Chicago Becomes First City to Launch Array of Things [EB/OL]. (2016-08-29). https://news. uchicago. edu/article/2016/08/29/chicago-becomes-first-city-launch-array-things.

[41] Linn D. Documentation from the Array of Things Public Meeting at Association House of Chicago[EB/OL]. (2017-11-09). http://www. smartchicagocollaborative. org/documentation-from-the-array-of-things-public-meeting-at-association-house-of-chicago/.

[42] Thornton S. A Guide to Chicago's Array of Things Initiative[EB/OL]. (2018-01-02). https://datasmart. ash. harvard. edu/news/article/a-guide-to-chicagos-array-of-things-initiative-1190.

[43] Forlano L. Decentering the Human in the Design of Collaborative Cities [J]. Design Issues,2016,32(3):42-54.

[44] Empower Cities,Empower People Report 2017[C]//Smart City Expo World Congress.

[45] WillisK S, Aurigi A. Digital and Smart Cities [M]. New York: Routledge,2018.

[46] Ratti C,Townsend A. The Social Nexus[J]. Scientific American,2011, 305(3): 42-49.

[47] Foth M,Forlano L,Satchell C,et al. From Social Butterfly to Engaged Citizen: Urban Informatics,Social Media,Ubiquitous Computing,and Mobile Technology to Support Citizen Engagement[M]. Cambridge, MA: MIT Press,2011.

[48] Foth M, Brynskov M, Ojala T. Citizen's Right to the Digital City: Urban Interfaces,Activism,and Placemaking[M]. Berlin: Springer,2015.

[49] de Lange M, de WaalM. Owning the City: New Media and Citizen Engagement in Urban Design[J]. First Monday,2013,18(11).

[50] vanWaart P,Mulder I. Meaningful Interactions in a Smart City[M]// Streitz N, Markopoulos P. Distributed, Ambient, and Pervasive Interactions. Cham, Switzerland: Springer International, 2014: 617-628.

[51] Hollands R G. Critical Interventions into the Corporate Smart City[J]. Cambridge Journal of Regions, Economy and Society, 2015, 8 (1): 61-77.

[52] Haque U. Surely There's a Smarter Approach to Smart Cities? [N]. Wired UK,2012-04-17.

[53] McQuire S. Rethinking Media Events: Large Screens, Public Space Broadcasting and Beyond[J]. New Media and Society, 2010, 12 (2): 567-582.

[54] Vela V. Meet Brian Corrigan,Denver's 'Oh Heck Yeah' Phenom[EB/ OL]. (2013-07-24). http://www. confluence-denver. com/features/ corrigan_072431. aspx.

[55] Heffel N. Denver Street Arcade Attracts Gamers of All Ages[N]. Morning Edition,NPR,2014-06-30.

[56] Ross J D. School, AT&T, City of Syracuse Partner to Launch Civic Data Hackathon Focused on Snow Removal[EB/OL]. (2018-02-09).

https://news. syr. edu/blog/2018/02/09/ischool-att-city-of-syracuse-partner-to-launch-civic-data-hackathon-focused-on-snow-removal/.

[57]　Sassen S. Open Sourcing the Neighborhood[N]. Forbes,2013-10-10.

[58]　Rouault A. A Bottom-Up Smart City? [EB/OL]. (2018-02-09). https://datasmart. ash. harvard. edu/news/article/a-bottom-up-smart-city-355.

[59]　Cisco Announces $1 Billion Program for SmartCities[EB/OL]. (2017-11-14). https://newsroom. cisco. com/press-release-content? type = webcontent&articleId=1895705.

[60]　Somers E. City-Zen: Retrofitting Homes[J]. (2018-10-29). https://amsterdamsmartcity. com/projects/city-zen-retrofitting.

[61]　IHS Online Newsroom. Smart Cities to Rise Fourfold in Number from 2013 to 2025.

[62]　van den Bosch H. Smart Cities 1. 0,2. 0,3. 0. What's Next? [EB/OL]. (2017-07-04). http: //smartcityhub. com/collaborative-city/smart-cities-1-0-2-0-3-0-whats-next/.

[63]　DuPuis N, Stahl E. Trends in Smart City Development[EB/OL]. (2017-01-11). https://www. urenio. org/2017/01/11/trends-smart-city-development/.

第3章 智慧城市相关技术

CHAPTER 3

　　所谓智慧城市就是运用信息和通信技术手段感测、分析、整合城市运行核心系统的各项关键信息,从而对包括民生、环保、公共安全、城市服务、工商业活动在内的各种需求做出智能响应。其实质是利用先进的信息技术,实现城市智慧式管理和运行,进而为城市中的人创造更美好的生活,促进城市的和谐、可持续成长。近年来,随着数字创新、云计算、物联网和信息通信等相关技术的发展,在一定程度上来说,所谓的“智慧”正是由所采纳实施的具体技术,由如何使用这些技术和由谁使用这些技术所带来的。智慧城市的特殊性可以这样理解,如果在城市管理中融入了信息通信技术和数据分析,整个城市的运行情况将会得到很大改观。通过运用大数据、云计算和物联网等先进的计算技术,智慧城市的总体规划中整合了城市活动的所有信息,将城市变为一个整体的、普适性的计算系统,城市中所有的互动和交流都将被监控和连接。

　　本章将介绍几种目前正在使用或开发中的用于优化城市基础设施、采集并分析城市活动数据的技术和平台。其中包括已经在城市中实施的如千兆网络、泊车服务 App、交通传感器、开放数据平台、自动气候控制、水循环系统等。通过概述这些技术,为智慧城市建设和管理提供帮助,同时对相关技术展开讨论。

3.1 相关技术

正如第 1 章所讨论的那样,在智慧城市的语境中,数字技术被视为城市转型的重要催化剂。作为可以全面改善日常生活和市政服务的城市战略——智慧城市,被赞誉为给城市居民提供服务的严格意义上的技术赋权[1]。效率、意识和反应能力、安全、可持续发展、经济发展和市民参与等智慧城市开发的理由,都要依靠技术来实现。特别是,城市规划和研究者很注重整合大数据、物联网、云计算等 IT 基础设施以及移动社交媒体,作为智慧城市技术发展的关键组成部分。

2016 年,美国国家城市联盟(National League of Cities)在报告 *Trends in Smart City Development* 中,畅想了智慧城市将如何把数字技术融入日常生活。在并不遥远的未来,当我们从配备了人工智能系统的房间里醒来,该系统会自动个性化地调整室温和光照度,开始监测主人的各项生命体征,并将健康数据存档。室外,路面上充斥着各种自主车辆,出行分享系统早已经解决了交通问题,交通信号灯、停车库已变得过时。数字信息亭(digital kiosks)——与 LinkNYC 改造后的电话亭类似,大大缓解了数字鸿沟,而与警方数据库相连的人脸识别软件和枪械探测器则保障了市民的安全,这一切归功于无处不在的网络化信息通信技术,使得环境更清洁、城市更安全、人们更幸福了。

近年来,微软、IBM、西门子和思科的智慧城市研发实验室将这些产品、服务及其产生的各种关联作为理想城市进行宣传。例如,微软开发的 CityNext 宣称,采用全球领先的技术将使城市更可持续、更加繁荣、更加包容[2]。类似的宣传和承诺在其他公司的网站上屡见不鲜,宣传对象都指向市政官员,也都承诺将注入智能(infuse intelligence)到城市系统中,以改善市民的生活。这些技术被广泛应用于家庭、办公楼、灯柱以及垃圾分类等人机交互的应用场景。但技术并没有真正融入城市环境和行为中，而是以同样的方式给所有的城市贴了个标签而已。虽然这些技术可能是最先进的，但它们仍无法适应多样化的城市环境，无法满足人们想让技术变得更有意义的愿望。由此导致技术供应商和开发商在关于智慧城市开发的技术类型，谁对这些技术的实现和使用方式拥有控制权等方面都存在分歧。

21世纪之初，Mark Weiser在担任施乐帕克研究中心（Xerox PARC）首席技术官期间，开展的关于智能家居的研究，经常被智能技术设计师和学者们引用来解释普适计算、传感器和网络是如何被应用到城市空间设计中的。计算"无处不在、根深蒂固"的观念，就源自于Weiser对公共和家庭空间中的计算可能会成为什么样子的设想[3]。按照他的说法，计算机将嵌入到日常生活中最琐碎的事务中，比如衣服标签（用来跟踪洗涤情况）、咖啡杯（用来提醒清洁人员注意发霉的杯子）、电灯开关（如果房间里没有人，可以节省能源）以及铅笔（用来将我们画出的东西数字化）。我们会与计算机同生共存，而不仅仅是与它们进行互动[4]。然而，正如计算机科学家Paul Dourish和人类学家Genevieve Bell所观察到的那样，韩国和新加坡的智慧城市所采用的泛在计算范式在技术形式和使用方式上都偏离了Weiser的设想。在这些城市中，泛在计算和智能技术不是被设想为"计算领域的第三次浪潮"，而是一种由商业化的大规模基础设施所推动的乌托邦，目的只是提高企业的效率[5]。

从技术角度上对智慧城市的想象，源自将新媒体视为革命性的未来，即用数字文化取代地方文化。就像数字智能将世界变得如何美好之类的吹捧一样，对复杂关系的简化和精炼也吸引着市政当局。在与市民以及媒体的对话中，市政官员重复着乌托邦式的智慧城市的愿景：城市治理更加负责、对紧急情况的反应更加及时、防患于未然，等等。

虽然智慧城市的各种软件和服务尚未全面实施，但在信息通信技术如何实施方面已出现了三大思想流派。

第一种是一揽子方法（blanket approach），该观点得到了企业供应商的支持，并被智慧城市咨询公司广泛推崇。在他们看来，城市应该被各种各样的传感器和监控系统所覆盖。所有的人和物最终都将与网络信息系统相连，所有的人和物都将产生数据。这一愿景得以实现的重要基础是庞大的公共、私有互联网基础设施，这也是为何众多智慧城市的开发都是从国家或市政层面在大力推进高速信息基础设施建设的。

第二种技术实施方法目的性较强，认为开发和部署相关的技术就是为了实现某些具体目标。比如奥地利维也纳的智慧城市项目——Smart City Wien，就是一个例证，据说它是在维也纳市政府为响应和支持当地信息产业的要求下发展起来的。维也纳智慧城市的战略和目标定位是将"创新技术的有效利用"服务于"全面保护资源"和"全民生活质量的提高"。与其他路线图和发展规划相比，维也纳智慧城市具体地描述和评估了需要保护的资源和高品质生活的特征，优先考虑通过信息通信技术的创新应用所取得的具体成果。例如，维也纳智慧城市开发目标重点关注环境的可持续性以及气候变化。其设定的第一组目标旨在减少碳排放量和能源消耗，同时增加公共和私人空间中的可再生能源，使其超过欧盟的气候保护目标[6]。对环境和可持续发展问题的重视以及利用信息通信技术和交通网络来实现资源的有效配置，在整个智慧城市项目的实施中都得到了体现。此外，该城市旨在通过技术措施或设计其他非技术性方式，赋予市民在"日常生活所有领域"的主导作用。

第三种方法是以人为本的智慧城市技术方法，它将维也纳智慧城市中市民的主导作用更推进了一步，经常被市政官员和智慧城市规划者挂在嘴边,但很难实现。这种方法侧重于城市不同社区之间的协作,并将市民的意见融入智慧城市技术以及网络设计中,在技术如何应用于社区生活方面,给予市民更大的主导权。印证该方法的一个例子是 Community PlanIT 项目,它是一个由艾默生学院(Emerson College)Engagement 实验室(Engagement Lab)开发的一个在线游戏平台,它将市民和市政府汇集在一起,促进城市规划过程中的审议和讨论。该平台曾被用于创建 Detroit 24/7——用于发起并支撑有关底特律市长期规划的讨论。超过 1000人参与了该项目,他们的数千条意见和想法被纳入城市战略框架规划(Strategic Framework Plan)。所有的意见都被汇编成开放的、匿名的数据集,并将其可视化,供底特律市居民和组织在线使用。

下面将讨论连接和组成智慧城市网络的一些硬件和软件,以及这些技术有望取得的成果。最终,本章给出对智慧城市相关技术的两种截然不同的理解:增强的城市生活体验的愿景;对目前智慧城市技术应用方式的警惕。本章还强调同样的技术和数字手段(如传感器、公共 WiFi、大数据、智能手机 App 以及物联网等),在一些城市的实施目标是优化和提高效率,而在另一些城市却是作为公平获得公共服务、创造可持续环境和鼓励社区参与的工具。

3.2 开放数据和实时数据

智慧城市在采纳新技术的同时,也以更加开放或面向公众的方式发挥原有技术和数据的作用。市政当局的一种常见做法是建立方便用户的电子政务门户,以数字化的形式汇聚各类城市服务信息:政府机构和办公室的联系方式、当地的新闻和活动、各种表格或许可证申请的链接、罚款及门票的在线支付系统等。

　　智慧城市门户的另一种版本则包含了可供公众查看和下载开放数据集的链接。在各种投资于智慧城市和城市管理的组织中,世界银行为公共部门管理者提供了一个关于建立开放数据的益处、程序和最佳实践的工具包[7]。托管开放数据被视为有利于促进个人之间以及个人与政府或非营利部门之间的创新和合作。该工具包列出了向任何可以连网的人提供城市数据集的一些益处:政府更加透明、公共服务的改进、社会的创新、经济的增长以及跨部门沟通和信息共享的高效。

　　已有很多开放资源和供应商服务可以用来托管开放数据,并向管理人员和用户提供不同的功能。洛杉矶市利用基于云的商业平台 Socrata 和 ArcGIS,可以进行一系列的数据处理和可视化,也可提供包括地理空间信息在内的广泛的开放数据目录。除了可以创建地图和将采集的数据可视化,用户还可以通过网站共享他们的地图和可视化效果。该市报告称,基于开放的地理空间数据,已经创建并发布了 40 多个应用程序 App。在洛杉矶这个高度依赖汽车和高速公路的城市里,一款流行的应用程序 App——StreetWize,它标注了整个洛杉矶的建筑和道路。另一个开放数据项目 VisionZero,则将 2015 年以来每年的道路交通事故死亡和重伤情况可视化。另外两款以道路和交通为重点的应用程序 App,CleanStat 绘制了道路清洁度,Road to 2400 提供了自 2013 年 Garcetti 市长上任以来完成的所有道路工程的详细情况。

　　来自伦敦的数据共享的一个独特范例是一个名为 Open Active 的平台,其目的是促进健康和福祉,而不是政府透明度和改善公共服务。该平台创建了一个空间,全市范围内的各种体育健身活动的提供者均可在该平台分享他们的设施、活动项目、体育比赛、运动时间表等信息,以促进人们的体育活动。此外,居民还可以通过平台匹配运动伙伴或教练、健身房或游乐场、挑选项目或比赛,或者参加集体自行车骑行或跑步。

　　实时数据提供也被用作提高服务效率和协调城市活动的战略。公用事业服务提供商、市政机构已经利用 Twitter 等流行的社交媒体网站向城市居民传递实时信息。智慧城市应用程序 App 利用地理定位和移动性等优势，提供交通路线和时间表、邻近的活动、零售店或餐馆、公共安全以及市政联系方式等信息。应用程序 App 和智能手机都被用作了解城市活动信息和获取交通信息的工具。智慧城市开发者有意将许多市民已经使用的服务与硬件结合起来，如智能手机与社交媒体结合，作为采集数据的工具。美国亚拉巴马州莫比尔市（Mobile，Alabama）的建筑检查员就利用 Instagram 记录和报告违规建筑和废弃建筑的情况[8]。作为其智慧城市建设的一部分，瑞典斯德哥尔摩市（Stockholm，Sweden）也已经创建了多个应用程序 App，供居民向市政部门报告信息。应用程序 App——Make a Suggestion 允许市民报告损坏的路灯、需要维修的道路、街上的涂鸦以及需要清理的垃圾桶。在美国波士顿，New Urban Mechanics 团队创建了一个类似的应用程序 App，允许居民上传坑洼路面的照片，并向市政府申请报修。波士顿也是与流行的交通导航众包应用 Waze 合作的几个城市之一（其他城市包括纽约、里约热内卢等），以更新有关交通模式和拥堵情况的实时数据流[9]。

　　其他智能应用程序 App 将实时信息访问扩展至家庭以及城市道路。葡萄牙的应用程序 App——Living PlanIT 和 PlanIT Valley 门户网站允许居民在旅途中获取有关城市服务和交通时间表的实时信息，并请求服务，还可以监控家中的照明系统状况和应对不断变化的天气情况。斯德哥尔摩的应用程序 App——Absence 可以让家长在孩子生病时，向公立学校请假。芬兰奥卢市（Oulu，Finland）也开发了多个移动应用 App，实时管理日托员工和孩子的出勤情况。使用连接到社交媒体、数据服务、摄像头、家庭网络和城市数据中心的智能手机，是实时大数据采集的体现，为智慧城市服务提供了动力。然而,这些依赖于定位以及城市居民、服务提供商和政府部门间网络数据流的各种公私服务也受到批评,因为它们将信息获取置于市民参与或隐私之上。

3.3 智能系统和互动环境

在参观韩国的智慧城市时,作者惊诧于其无处不在的智能楼宇管理系统,不单因为这些系统是全新的或有创新性的,也是因为它们被智慧城市管理者刻意地强调为城市生活的必需品。2017年,西门子为其楼宇技术活动"Creating Perfect Places"所做的广告,可以看作是一种浮夸的隐喻。在该广告中,西门子将拥有智能建筑系统的生活比作是生活在子宫中。他们将一张婴儿在母亲子宫里的超声图与简洁的文字叠加在一起,暗示着和子宫一样,装配了西门子智能建筑系统的建筑永远不冷不热,永远不会太吵,也不会过于安静,永远是安全的[10]。技术厂商们为智慧城市描绘的智能建筑系统,让人想起虚拟和增强现实研究者 Myron Krueger 提出的反应式环境(responsive environments)的概念,即技术能感知或感应到人类的行为,并通过视觉/听觉的反馈,或通过对环境的适应,来做出反应[11]。

智能建筑系统旨在创造优化的建筑性能,降低运营成本。智能建筑开发商宣称,这些技术可以创造更可持续、更愉快的工作/家庭环境:智能建筑通过重新分配空间和能源的使用,以应对低效率、管理浪费或过度使用,因此更具可持续性;智能建筑还可以根据个人喜好来规划空间、设定温湿度,使人们更愉悦。目前,能够监测和调节能源消耗、水循环、供暖和制冷系统的智能建筑系统(也称智慧建筑系统)仍被视为智慧城市的重要组成部分。安装在建筑物内的传感器可用来采集有关能源和水的使用、照明和空间利用的数据,有时甚至可以采集居住者的位置和生产效率[12]。智能建筑系统还提供能根据天气情况自动调整窗帘、个性化照明和室温控制等功能，以及能处理整个建筑内或跨建筑的所有操作系统的集成数据系统。许多智慧城市建筑的 LEED 认证都得益于这些智能建筑系统和绿色技术，如用于废物管理的气动管道或吸尘器、电动汽车的充电站、使用智能卡的自行车租赁站以及可为用户积累积分的回收箱上的射频识别传感器。这些绿色系统可由个人用户以及建筑管理者通过墙面面板、移动应用程序 App 或智能卡进行控制，并与中央控制系统相连，这样就可以积累有关建筑的使用情况和用户行为的数据。

新加坡、奥地利维也纳等一些智慧城市正在进行面向老年人的智慧公寓试点。新加坡的目标是成为居家养老技术的全球试验台，例如，在老年公寓中嵌入无线紧急按钮和各类传感器；开发了智慧老人警报系统(smart elderly alert system)；生命体征监测系统(vital signs monitoring system)可以远程监测血压、血糖水平和体重[13]。维也纳建设了一个主动式辅助生活测试区(Active and Assisted Living Test Region，WAALTeR)，150 名老年人居住在配备了数字系统和可穿戴设备的公寓中，这些设备可以监测他们的健康状况，更有利于老年人活动和获得良好的医疗保健服务。除了配备平板电脑、智能手表、摄像头和网络系统外，公寓里还有跌倒检测和人员失踪警报系统。

在智慧城市中，得益于一系列传感器和集成数据系统的使用，房屋、建筑物和道路对外部的反应更加灵敏及时。无处不在的 WiFi 连接、运动和声波感应照明系统以及安防摄像头、随叫随到的自动驾驶汽车以及物联网，满足了人们对城市性能优化和效率提升的要求，成为可持续、高质量城市生活的关键方面。

城市管理者也希望通过智能控制系统和大数据能够在问题发

生之前进行预判,并为开发新的服务提供参考,而不仅仅是快速有效地应对问题。

3.4　物联网与人工智能

在智慧城市发展的第一波浪潮中,技术设计者们的想象是:未来城市的居民只需要携带一张钱包大小的智能卡,卡上存储着居民个人信息,作为进入智慧城市系统的护照。

这张智能卡可以识别特定的用户,并允许个人与相互连接的城市系统进行交互。使用这张卡还可以用来开门、启动个性化的温度控制和照明偏好、支付交通罚单、使用共享单车服务以及获取医疗记录等。虽然智能卡系统由于个人信息及数据中的隐私和安全问题饱受批评,但智能卡系统重复了一个愿景,即智慧城市是万物互联的空间。物联网是这一愿景的基础和支撑。智能卡可以作为城市的通用护照,因为现实物理世界中处处是网络化实体,而且高速网络在一个集中的系统中连接了各种服务。手机和射频识别钥匙扣也经常作为一种智能卡,并与二维码、蓝牙和 WiFi 连接,推送或提取实时信息。

物联网是一个用来描述万物皆与互联网连接的网络术语,包括日常的冰箱、洗衣机、垃圾桶、地砖、咖啡机等设备。物联网将各种设备和数据源连接到一个集中的、无处不在的通信基础设施上,并使有关机构和市民都可以方便地访问数据,并通过处理这些数据以应对各种城市活动。这种互联网连接可以让人与物以及物与物之间通过网络相互沟通或交换信息。各种对象和设备都可以通过 GPS 共享它们的物理位置,并可以对自己的生产信息进行编码。一个经常被用来说明物联网实用性的例子是:当冰箱里的牛奶快用完时,可以通过电话或短信的方式提醒用户。想象中物联网的其他用途还包括:可提醒咖啡机开始工作的闹钟、能辅助搭配服饰的镜子以及嵌入物品中的让用户再也不用担心丢失钥匙的 GPS 传感器。

除了便利性和高效率之外,物联网技术在支撑智慧城市目标方面也发挥着重要作用,这些目标包括:增强安全性和公共安全、改善健康和可持续性、环境意识和响应能力以及提高生活质量。在某些情况下,单单是物联网技术就可以服务于所有这些功能。例如,已经开发的智能地砖,可以根据脚步声采集信息,感知冲击力大小和热量指数,以检测是否有人跌倒,并发出求救信号;也可以用于居家身体活动的监测,以达到健康和安全的目的[14]。另外,通过大量连接到 WiFi 和/或云计算系统的对象可以相互通信,并与环境以及周围的人进行互动。例如,巴塞罗那的 LED 路灯可以通过感知湿度、温度、污染、附近的行人以及道路噪音等信息,调控光照水平。安装于道路上的中央电脑系统允许照明单元之间进行通信,并对就地的电动汽车充电桩和公共 WiFi 进行管理。据悉,智慧照明系统可以影响到公共安全,削减电力和能源成本,并可通过点亮举办活动地点的路灯,吸引人们前往相关区域。

在市政层面,物联网被理解为实现低成本高效率目标的基础。电信工程师 Andrea Zanella 及其同事将城市物联网的实施描述为"双赢,既可以提高居民生活质量、强化城市的各种服务,同时还可以降低城市运营成本,取得较好的经济效益"。[15] 这些研究人员设想,城市物联网可以对智能建筑的能源消耗进行调控;可以通过检测不同位置垃圾桶的重量来调整垃圾清运路线,以优化整个城市的垃圾处理;通过将慢跑者的手环与智慧城市系统连接来监测城市的空气质量;通过传感器和声音检测算法监控噪声,以减轻某些时段的噪声污染;甚至可以在检测到玻璃破碎声或呼喊声时及时报警。这里提到的很多技术其实早就已经开始实施了。回到巴塞罗那的案例,自 2012 年以来,该市已经在很多地方安装了传感器,可以引导司机寻找开放的停车位,并通过数字手段进行泊车付费;垃圾清运管理系统可以减少对垃圾车的需求量;噪声传感器减轻了该市著名景点太阳广场(Plaza del Sol)附近的噪声污染。伦敦市政府与英特尔合作,安装了传感器和 WiFi 网络,与物联网技术协调配合,监测和报告整个伊丽莎白女王奥林匹克公园(Queen Elizabeth Olympic Park)的空气和水质、洪水、气候以及野生动物的情况。该市计划利用采集到的数据更好地管理该公园。

3.5 显示屏和数字标牌

智慧城市建立在对城市活动的实时数据进行感知、处理和报告的基础之上,并将这些数据提供给政府和市民使用。如何向公众展示这些数据,往往与采集和处理这些信息的传感器系统以及其他信息基础设施一样,得到媒体的大肆宣传。如何对通过传感器采集到的数据或通过网站及热线电话获取的数据进行可视化,已成为评估城市绩效和基础设施不可或缺的部分,也是优化城市绩效的战略之一。既然有关交通、气候和能源消耗的大数据是为了改变公众的行为,那么人们就需要看到并理解这些数据。

在一个用户友好的智慧城市显示屏(dashboard)上,如何选择所采集的数据,组织并可视化一个或多个过程信息的用户界面,往往要根据 ISO 37120、联合国(United Nations)或世界卫生组织(World Health Organization)关于城市服务和生活质量的标准来进行[16]。智慧城市的显示屏设计规划和原型,通常是将这些标准和全球城市指标作为显示屏设计的最佳指引,其中包含了我们熟悉的主题,如能源、经济和环境等,这些主题在被量化的同时,其指标既是市政部门和市民在管理城市时需要考量的事实和信息,也是评判政府透明度、智慧城市项目绩效的基准。

　　对城市管理者、市政部门以及市民来说，显示屏系统是一种方便、快捷、低成本了解城市活动的有用工具。这种数字化的汇总和显示是城市治理中系统思维的整体性的可视化再现。它的界面以一种可量化、可进行统计分析的方式，对智慧城市的每个子系统进行了诠释。爱尔兰国立梅努斯大学（National University of Ireland Maynooth）的研究人员 Rob Kitchin、Theresa Lauriault 和 Gavin McArdle，拥有 10 年以上的城市显示屏系统以及地方和国家城市指标的咨询经验。他们认为，尽管显示屏系统旨在采集和显示有关城市的客观、真实的数据，但这些系统也揭示了授权与责任、实施控制与治安效率之间的矛盾对立[17]。数据从来都不是"未经加工的"客观存在，而是建构的、前后关联的。他们认为，城市指标的制度化和所谓的"工具理性"（instrumental rationality），再加上显示屏的信息公开，可能会导致城市管理者主观地操纵指标、控制城市绩效的统计，或者对智慧城市实践中的矛盾视而不见。

　　除了传感器和手机，更多专门用于采集和显示城市生活信息的设备已经在智慧城市的道路上大量出现。几乎所有的智慧城市都安装了显示屏，建立了门户网站和数字标牌来实时呈现城市里的交通情况、污染程度和信息流动状况。各种隐形的显示屏、数字显示器或信息亭，不仅用于可视化智慧城市中采集和处理的数据，还用于在公众意识中塑造品牌或提供实施智慧城市项目的例证。在巴塞罗那，太阳能电池板被安装在公交候车亭的顶棚上，为显示等待时间的屏幕供电；在纽约市，公共付费电话被改造成时尚的数字信息显示亭。通过"城市互动计划"（UrBan Interactions Program，UBI），芬兰奥卢市的研究小组安装了 UBI 热点或互动式公共显示器，这些显示器集成了摄像头、RFID 阅读器、WiFi 和高速互联网接入。奥卢市居民和游客可以使用这些屏幕访问互联网和公共交通信息，以及电话号码簿、游戏和新媒体艺术，并上传照片和视频[18]。这些屏幕还利用蓝牙技术来感知和报告人流信息，并向附近的手机推送多媒体内容。由于智慧城市的许多功能和基础设施实际上都是公众看不见或摸不着的,可视化的数据显示不仅彰显了智慧城市的存在,同时表明了智慧城市系统在持续运行中。

智慧城市的早期雏形强调媒体墙(media walls)、数字里程表(digital odometers)、数字广告牌等项目作为智慧城市的服务要素。韩国数字媒体城(Digital Media City,DMC)第一个面向公众的项目就强调了这一趋势。数字媒体街(Digital Media Street,DMS)是贯穿该地区的主要走廊,除了媒体板、数字里程表和电子广告牌外,还计划在这里设置能够上网的 WiFi 信息亭、"姐妹墙"(显示首尔姐妹城市网络摄像机画面的视频墙)、位置感知信息发布系统,使用手机的路人能够接收与自己所在位置相关的影片和优惠券等信息。建筑外墙上的媒体板也安装了数字标牌,可供艺术家使用,也可用于发布活动公告和刊登广告。数字里程表通过条形图和其他可视化的方式,展示了在任何时刻进出城市的数据量。电子板(即公共信息亭)可供行人访问实时的公交车时刻表、交通和街区地图、天气信息和电视直播,以及网上购物、聊天和收发电子邮件。Michael Batty 和其他研究人员对数字里程表等项目中出现的相对非结构化的可视化数据进行了批评。他认为,从各种传感器流出来的大数据,在智慧城市的外墙显示器或显示屏上进行展示,仅能表明传感器设备正在工作,并不能提供城市生活更广泛、更系统的全面信息[19]。所展示的数值、图表和百分比或许意味着对城市的量化和整体理解,但只是渲染了智慧城市中数据采集的壮观场面,而不能提供有用或有意义的洞察。

城市道路上的数字信息亭越来越多,与其说它是流式传感器数据的数字显示,不如说更像电子板。在堪萨斯城(Kansas City),已经安装了 25 个以上的数字信息亭,用来显示电车时刻表、拨打911 或 311 电话的按钮、当地餐馆的广告和各种活动安排[20]。在新泽西州纽瓦克市(Newark,New Jersey),大约有 50 个 10 inch 高的数字信息亭已经签约,作为公共互联网接入点和留言板,以流媒体方式发布广告和活动信息,并最终采集有关交通、天气的数据,并可能通过人脸识别来检测对公共安全的威胁[21]。英特尔、IBM和诺基亚等公司以及 Infinitus 和 Olea 等专门从事数字信息亭设计的公司声称,数字信息亭对于促进旅游业发展、宣传当地企业来增加零售额、提供免费 WiFi 和在旅途中获取公共服务和信息来增强市民的参与度至关重要。在某些情况下,数字信息亭也被解读为帮助缓解数字鸿沟的工具,为那些不能上网的人提供移动接入[22]。

3.6　无人驾驶汽车和公交系统

经过改造的智慧交通系统越来越被视为智慧城市发展不可或缺的一个组成部分。这些物理基础设施以及在城市中使用的电动的、碳中和的或无人驾驶的车辆通常配备有 WiFi,并根据不同的交通模式和优化算法,结合大数据来进行导航。由传感器监控和数据驱动的交通系统在优化城市内人员、货物和服务的流动以及减少拥堵方面与城市绩效密切关联;通过减少碳排放和环保出行,对促进可持续性发展具有重要作用;通过减少道路事故发生和对路况的监测,改善了公共安全。智能化公交系统可以使偏远地区的市民上班、出行更便捷高效,这也是智慧城市促进经济发展,提高人们生活质量的要求。更广泛地说,交通发展还与公共连接紧密联系,一些市政官员将公共交通视为增加公共互联网接入的机会。例如,堪萨斯城的公交车和有轨电车都配备了免费的 WiFi,以提供无处不在的公共互联网接入,同时也用来采集城市流动性的数据。斯德哥尔摩市在城市道路上安装了 4000 多个传感器,以跟踪车辆、自行车和交通模式。公交车上也安装了传感器、无线电装置和GPS,与交通信号控制系统进行通信,这样一来,即使仅迟到一分钟的公交车也会自动获得行车的优先权[23]。

2016年,美国交通部向俄亥俄州哥伦布市颁发了4000万美元的智慧城市挑战补助金(Smart City Challenge Grant),Paul G. Allen的Vulcan公司还额外奖励了1000万美元。根据交通部的新闻稿,哥伦布市已经筹集了9000万美元来改造其交通系统,以达到智慧城市建设的目标——利用数据、技术和创新的力量和潜力,重新架构人和货物在整个城市中的流动方式[24]。其他的创新项目还包括将建设三条无人驾驶班车,这三条班车将把新建的一个交通枢纽和一个商业区连接起来,刺激经济发展,提供更多的就业岗位。

无人驾驶汽车还可作为采集人们与车辆及无人驾驶系统交互数据的一种手段,随着试点范围的扩大,还可能采集更多关于城市交通模式的数据。2010年,马斯达尔市部署了一个由无人驾驶舱组成的个人快捷交通系统,用于市内交通。虽然仅有两个车站,但其在6年内送的乘客超过了200万人。马斯达尔市因此采集了大量乘客与无人驾驶系统交互的数据,并将该个人快捷交通系统发展为自动驾驶的研发实验室[25]。

除了无人驾驶汽车外,机器人也被用来解决洗衣服、买菜等城市日常问题。目前,美国、意大利、爱沙尼亚等国的公司正在开发测试面向消费市场的送货机器人——一种车轮上的小型无人运输工具[26]。与无人驾驶汽车一样,这样的机器人也符合智慧城市的愿景,即提供更多的对行人、自行车友好的空间,以及更可持续、高效的短途旅行方案。与其他智慧城市技术一样,一些城市规划者质疑送货机器人是否真正解决了现有的问题,或者更进一步说,更先进的技术到底是不是解决问题的方案。正如一位城市规划专业人士所指出的那样:"我们是否真的存在这样一个问题:需要机器人帮我们把东西搬到人行道上去?……我不愿意看到,本应花在采用现有的、经过验证的、尽管不那么令人兴奋的方式改善城市生活的时间精力,被这项技术(机器人)能做什么带来的兴奋所取代。"[26]

3.7　关于智慧技术的评论

在部署了大量的传感器和应用物联网技术之后,巴塞罗那智慧城市的首席技术官注意到,通过不同的平台,已经采集了海量的数据。虽然数据采集本来就是智慧城市项目的一部分,但众多的平台和不同的技术都是相互独立的,并没有整合到同一个平台上,而且采集到的很多数据并没有被充分利用。当市政当局意识到各个部门的工作人员并没有将采集到的数据用于政策制定或决策辅助时,他们本可以采取措施限制数据采集的数量和类型,或者有选择地进行数据采集和分析,以研究解决城市运行中的特定问题。但恰恰相反,巴塞罗那市政府决定将采集到的数据向公众开放,并建立一个由市政府管理的开源传感器网络,以采集更多的城市和居民数据[27]。对于获取了太多无法使用的数据这一问题,解决的办法竟然是去采集更多的数据,并通过众包的方式来发掘新的用途。

大数据,即从各种来源采集的海量数字信息,经过分层、聚合以获取知识,已经成为智慧城市的基石。

正如 Sarah Brayne 在她关于洛杉矶治安管理研究中所解释的那样,大数据已经被众多的机构所接受,作为一种手段,可以对未来情况进行预测、对资源进行合理分配以及填补分析中的信息空白,来提高城市管理效率[28]。但许多参与该研究的学者也表示,机构认为大数据和预测分析是他们应该做的,以此保证他们的所有行为便是合法的了。在许多方面,采用大数据和预测性治安管理的动机与采用智慧城市技术的原因遥相呼应:既有提高效率的愿望,也有不愿被抛在后面的压力。

把引入更多的技术或数据视为解决如何使用技术和数据问题

的补救措施,这种观点强化了数字基础设施和计算作为智慧城市基础的观念。然而,许多智慧城市的批评者也陷入了与智慧城市支持者一样的技术解决主义:我们需要更好的技术,或者现有的技术还没有充分发挥作用。虽然依靠技术进步来潜移默化地改善城市并没有错,但迷信仅靠数据驱动的决策就能带来社会公正,就能改善城市环境、提升城市治理水平或合理分配资源,就是想当然了。

城市的组成是多元且复杂的,而且已存在很多不公正的现象。

智慧城市技术并不能改变一个城市的权力关系、治理体系,也不可能改变这一体系中的政治生态,所能改变的只是信息采集、分析和呈现的方式。

设计开发这些技术的初衷是为了测量和监控,并不一定能改变我们对所获信息的使用方式。比如,若有工作人员或市民发现了一个需要解决或改进的问题,仍然必须依靠政府管理机构和公用事业部门来解决。智慧城市采用的技术可能是新的,但它们所处的政治、经济和社会背景并没有改变。既有的权力结构和资源分配仍然影响(或限制)着市民和政府的能力、优先权以及对数据中所发现的问题的行为意愿。

此外,新技术所带来的智能,总在暗示我们以前的城市管理和决策治理体系是不精确、低效或不公正的。技术总被视为是无关政治的、意识形态上中立的,可以客观地观测和反映城市的脉动。在智慧城市中,将决策权赋予计算机(或依赖计算机辅助系统的人),是基于这样一个基本信念,即计算机系统可以提供有关社会利益的客观的事实和依据。但事实并非如此。用来进行信息处理的数字技术和算法从来都不是中立的。大量来自科技和传播研究的文献揭露和批判了算法的政治倾向及其带来的不公正结果[29-31]。即使智慧城市的技术人员和规划者认真考虑了会对社区或环境带来的危害或风险,也可能会出现意想不到的后果,以及侵犯隐私的行为。再者,数据的采集和透明度并不会自动地使政府行为更加高效、迅捷[32,33]。由于许多智慧城市计划是由政府/企业自上而下进行规划设计的,根深蒂固的政府官僚往往能够控制和利用新技术和大数据,以影响或扩大既得利益。

芝加哥的智慧城市项目是一个很好的例子,既揭示了智慧科技的威力也暴露了其局限性。芝加哥的"Array of Things"、无数的开放数据项目以及精心构建的智慧城市路线图,都被智慧城市开发者们广为称道。市政府采集并公开了大量的城市数据,市民可以在线访问并以机器可读的格式免费下载这些数据。市长Rahm Emanuel 关于数据开放的行政命令表明,芝加哥市致力于通过数据公开以及市民与数据的交互,"在公众面前为市政府创造了前所未有的透明、诚实和负责任的形象。"[34]

截至 2017 年,芝加哥智慧城市项目 CIO 宣称,该市通过其开放数据门户向市民提供了 600 个交互式数据库,并成功地将预测分析方法应用于公共卫生监管(如啮齿类动物控制、西尼罗河病毒爆发、餐馆卫生检查等)以及公用事业管理(如洪水、暴雨等)[35]。但是,该市在 2012 年实施的开放数据项目,并没有改变公众对芝加哥市政府以及警察队伍腐败、管理混乱以及不公正的印象;市政府办公厅信誓旦旦地说要保障信息透明,却在试图向市民隐瞒一些监控视频信息[36]。虽然大量的传感器以及可用的数据库可能会提供更多的公共服务,并造成高透明度的假象,但智能技术并没有显著地改变城市权力结构中的等级关系。

正如 Keller Easterling 所言,城市基础设施建设的规划,与城市的实际运作之间存在脱节[37]。此外,采集到的数据与城市通过获取和使用这些数据所能带来的改变之间,往往也存在着脱节。在与市政官员以及 CIO 的讨论中,作者发现,高管们对于城市采集的数据如何成为有用的或可实现某个目标的,缺乏实实在在的方案。作者曾向松岛市、纽约市和堪萨斯城的思科公司代理人提出同样的问题：贵公司提出了许多城市解决方案，但你们要解决的城市问题是什么呢？采集和分析这些数据将如何帮助你们解决这些特定的问题？对于上述问题，公司代理人们基本都没有给出明确的答案。他们一直重复强调空泛的城市扩张带来的挑战——如人口过剩、环境污染、交通拥堵以及低效的人员流动、气候变化、废物管理等，并回避他们希望找到哪些具体信息的问题。城市高管和CIO们自豪地夸耀采集到了海量的数据，但对大数据的分析就像寻宝游戏一样，并希望市民也这样做：在海量数据之下，看看你能发现什么？日益扩张的监控和感知能力，也将"看看你能发现什么"的做法不断强化。社会学和人类学教授 Orit Halpern 以及他的同事们认为，智慧城市也许可以增进专业知识，增强对"可计算技术"的信心，并减少不确定性，但却不能解决城市的问题或更关注市民的忧虑[38]。从这个角度来看，智慧城市充斥着的仅仅是花样繁多的数据方法论，遑论其他。

在智慧城市技术的设计和实施中，城市生活中被低估的一个重要方面，就是某些外部刺激使人与人之间建立联系，促使陌生人之间发生交流互动[39]。相反，智慧城市规划者的宣传材料、展示空间和愿景表述却呈现出相反的情况：供个人使用的数字信息亭；通过智能手机、个人显示器或在私人空间中获取数据和信息；作为家庭消费品的虚拟墙等。智能技术将城市人群视为具有个性化、数据驱动需求的个人终端用户。尽管存在其他用途，但像显示屏、城市平台和应用程序等软件仅将市民定位为消费者或客户，而不是作为社区成员或合作者。虽然为城市设计的一些技术可以在安全、效率和可持续性方面改善城市关系（例如在交通、停车、能源消耗和水循环方面），但开发这些技术的公司却只愿意将城市与市民之间的反馈和互动减至最低。

正如作者在其他场合所讨论的，自上而下的智慧城市表达了一种泛在计算的特殊愿景,这种愿景淡化了人们和社区在使用技术方面的作用,剥夺了他们在数字活动中对城市生活的知识和经验[40]。智慧城市项目没有关注社区需求和市民参与,更多关注的是基础设施、效率和自动化。因此,这些项目普遍放弃了对鼓励交流、社区形成和市民参与的信息通信技术的重视,而将重点放在导航和优化技术、信息传递和广告等技术层面上。

在本章描述的大多数例子中,技术的作用是将人们与计算机或数字信息联系起来,而不是将人们与其他人或用户生成的关于城市这个地方的知识联系起来。通过数字信息亭和智慧城市应用程序获取的城市环境信息,与从任何连网的手机或市政网站上获取的信息:如天气情况、交通状态、公交车时刻表等,并无二致。虽然这些环境信息是有用的,但需要注意的是,它们缺乏人际互动或与作为居住地的城市的互动。不管怎样,正如第4章中将讨论的那样,这些智慧城市技术还存在着其他用途和机会,并且已经在那些声称是智慧城市的城市中实现了。

3.8 结束语

智慧城市开发建设中所发现的许多问题,其实都是人们在城市化进程中已经取得共识的问题:如公共安全、交通拥堵、环境污染与气候控制等。这些问题之所以一直存在,是因为它们都不容易解决或处理。以为仅靠新的技术或采集更多、更大规模的数据就能解决这些根本的、永恒的问题,只能说是太天真了。依靠"聪明"的技术,或许会带来一定的变革,但是无法真正改变一个城市的治理体系,也仅可能对公共服务质量产生有限的、暂时的或短视的改善。此外,这些技术解决方案可能还存在获得的合法性、参与性或显著性。算法、大数据和人工智能可能会改变做决策的方式以及决策内容,但不会改变支持和执行这些决策的基本机构和社会政治基础,也不会改变这些决策的最大受益者。

　　技术人员的主观意图和想象力会影响技术的使用,但并不能最终决定技术的使用。智慧城市的技术开发过程以及技术人员对如何使用这些技术的预期,都揭示了人们对于城市之间以及市民之间如何进行互动的理解都非常有限。智慧城市技术开发者也设想了一些其他的推广方案,比如,可以利用社交媒体和实时数据进行暴雨等突发事件的交流沟通(如纽约市的 Resilient NYC),或者居民可以使用市政府拥有的开放数据来指导对经济适用房的投资或规划合理的交通路线(如,re:code LA 公司为洛杉矶市开发的WebCode;奥斯汀市的 Corridor Housing Preservation Tool)。很多研究人员、社区成员和技术设计师非常质疑当前智能技术的模式,并将当前主流智慧城市的愿景推翻,认为这些愿景破坏了城市中居民的意愿。以下各章将分析人在智慧城市规划中的角色和定位,并思考如何将智慧城市技术和方案回归到市民的主张,并行使其对城市的数字权利。

参考文献

[1] Raj P, Raman A C. Intelligent Cities: Enabling Tools and Technology [M]. Boca Raton, FL: CRC Press, 2015.

[2] Microsoft CityNext: Technology Solutions for SmartCities [EB/OL]. (2018-04-11). https://enterprise.microsoft.com/en-us/industries/citynext/.

[3] Weiser M. The Computer for the 21st Century [J]. IEEE Pervasive Computing, 1999, 3(1): 3-11.

[4] Weiser M. Open House [EB/OL], (1996-03-01). http://www.itp.tsoa.nyu.edu/~review/.

[5] Dourish P, Bell G. Divining a Digital Future: Mess and Mythology in Ubiquitous Computing [M]. Cambridge, MA: MIT Press, 2011.

[6] Smart City Wien Strategy and Objectives [EB/OL]. (2018-10-26).

https://smartcity. wien. gv. at/site/en/the-initiative/strategy-objectives/.

［7］ World Bank. Starting an Open Data Initiative［EB/OL］. （2013-10-24）. http://opendatatoolkit. worldbank. org/en/starting. html.

［8］ DeVoe E. Instagram Helps Mobile Identify 1,256 Blighted Properties ［EB/OL］. （2015-11-20）. http://wkrg. com/2015/11/20/instagram-helps-mobile-identify-1256-blighted-properties/.

［9］ Ungerleider N. Waze Is Driving into City Hall［N］. Fast Company,2015-04-15.

［10］ Ingenuity for Life Creates Perfect Places［EB/OL］. （2017）. https://www. youtube. com/watch?v＝mFXUm6mj4Xc.

［11］ Krueger M W. Responsive Environments［C］// Proceedings of National Computer Conference,1977:423-433.

［12］ Microsoft IoT for Smart Buildings［EB/OL］. （2017）. https://www. youtube. com/watch?time_continue＝23&v＝d55rBuB9D7s.

［13］ Seng L T. IoT as a Key Enabler to Singapore's Smart Nation Vision ［EB/OL］. （2018-03-14）. https://iot. ieee. org/conferences-events/wf-iot-2014-videos/47-newsletter/march-2018. html.

［14］ Montalbano E. Smart-City Technology Harvests Energy From Footsteps［J］. Design News,2013,68(6): 30-31.

［15］ Zanella A,Bui N,Castellani A,et al. Internet of Things for Smart Cities ［J］. IEEE Internet of Things Journal,2014,1(1): 22-32.

［16］ Zdraveski V,Mishev K,Trajanov D,et al. ISO-Standardized Smart City Platform Architecture and Dashboard［J］. IEEE Pervasive Computing,2017,16(2): 35-43.

［17］ Kitchin R,Lauriault T P,McArdle G. Knowing and Governing Cities through Urban Indicators, City Benchmarking and Real-Time Dashboards［J］. Regional Studies,Regional Science,2015,2(1): 6-28.

［18］ Gil-Castineira F, Costa-Montenegro E, Gonzalez-Castano F, et al. Experiences inside the Ubiquitous Oulu Smart City［J］. Computer,2011. 44(6): 48-55.

［19］ Batty M. Deconstructing Smart Cities［M］//Pinto N N, Antonio J, Tenedorio A, et al. Technologies for Urban and Spatial Planning:

Virtual Cities and Territories. Hershey,PA: IGI Global,2014.

[20] Horsley L. KC Installs First of 25 Smart City Kiosks Downtown[N]. Kansas City Star,2016-03-07.

[21] Strunsky S. Digital Kiosks to Link Newark People to Each Other and the Internet [EB/OL]. (2016-10-17). http://www. nj. com/essex/ index. ssf/2016/10/digital_kiosks_to_link_newark_people_to_the_city_ a. html.

[22] Pee L G,A. Kankanhalli A. Bridging the Digital Divide: Use of Public Internet Kiosks in Mauritius [J]. Journal of Global Information Management,2010,18(1):15-38.

[23] How the Smart City Develops [EB/OL]. (2018-10-28). https:// international. se/governance/smart-and-connected-city/how- the-smart-city-develops/.

[24] U. S. Department of Transportation Announces Columbus as Winner of Unprecedented $ 40 Million Smart City Challenge[EB/OL]. (2016-06- 23). https://www. transportation. gov/briefing-room/us-department- transportation-announces-columbus-winner-unprecedented-40-million- smart.

[25] Nelson C. Masdar City's Driverless Cars System Celebrates Milestone [EB/OL]. (2016-11-30). http://www. thenational. ae/business/ technology/masdar-citys-driverless-cars-system-celebrates-milestone.

[26] Erica E. Phillips E E. When Robots Take to the Sidewalks[N]. Wall Street Journal,April 17,2017-04-17.

[27] Tieman R. Barcelona: Smart City Revolution in Progress[N]. Financial Times,2017-10-25.

[28] Brayne S. Big Data Surveillance: The Case of Policing[J]. American Sociological Review,2017,82(5):977-1008.

[29] Noble S U. Algorithms of Oppression: How Search Engines Reinforce Racism[M]. New York: NYU Press,2018.

[30] Eubanks V. Automating Inequality: How High-Tech Tools Profile, Police,and Punish the Poor[M]. New York: St. Martin's Press,2018.

[31] Gillespie T. The Politics of 'Platforms,'[J]. New Media and Society, 2010,12(3): 347-364.

［32］ Ananny M,Crawford K. Seeing without Knowing: Limitations of the Transparency Ideal and Its Application to Algorithmic Accountability ［N］. New Media and Society,2016-12-13.

［33］ Bertot J C,Jaeger P T,Grimes J M. Using ICTs to Create a Culture of Transparency: E-Government and Social Media as Openness and Anti-Corruption Tools for Societies［J］. Government Information Quarterly, 2010,27(3): 264-271.

［34］ Emanuel R. Open Data Executive Order（No. 2012-2）［EB/OL］. (2012). https://www. cityofchicago. org/city/en/narr/foia/open_data_ executiveorder. html.

［35］ Rosencrance L. In Chicago,Smart City Data Drives Innovation,Efficiency ［EB/OL］. (2017-05-01). https://internetofthingsagenda. techtarget. com/ feature/In-Chicago-smart-city-data-drives-innovation-efficiency.

［36］ Korecki N. Battle-Scarred Rahm Stares down Toughest Election Ever ［EB/OL］. (2018-04-24). https://www. politico. com/story/2018/04/ 24/rahm-emanuel-faces-toughest-reelection-yet-547834.

［37］ Easterling K. Extrastatecraft: The Power of Infrastructure Space［M］. London: Verso,2014.

［38］ Halpern O,LeCavalier J,Calvillo N, et al. Test-Bed Urbanism［J］. Public Culture,2013,25: 292.

［39］ Whyte W H. The Social Life of Small Urban Spaces［M］. New York: Project for Public Spaces,1980.

［40］ Halegoua G. The Policy and Export of Ubiquitous Place: Investigating South Korean U-Cities［M］//Foth M,Forlano L,Satchell C,et al. From Social Butterfly to Engaged Citizen: Urban Informatics,Social Media, Ubiquitous Computing, and Mobile Technology to Support Citizen Engagement. Cambridge,MA: MIT Press,2011: 315-334.

第4章

CHAPTER 4

市民的参与

社会学家 Hollands 被引述最多的对智慧城市的批评,是智慧城市建设中理论与实践之间的冲突:促进跨国 ICT 产业发展及管理精英成长与服务普通市民之间的不匹配。这种不匹配也导致对智慧城市的政治批判:重视自上而下的创新和治理,却牺牲了底层市民的需求。很多学者认为,过于看重技术应用和总体规划,必然导致因为追求利润而排除或忽视社会正义、平等和包容等问题[1-4]。智慧城市战略促进了城市和技术的发展,改善了精英阶层的生活,但并未改变不能上网或缺乏数字素养的人的生活,还会扩大城市里的贫富差距。批评人士认为,市民在创建城市、表达自己的体验或愿望、对智慧城市基础设施和技术的投入等方面,发挥的作用其实是很有限的。

在很多智慧城市的宣传材料、研究报告、相关会议以及数字路线图中,都有关于市民参与智慧城市开发和应用的必要性的内容。但是,在这些由市场驱动的对话中,市民参与的概念具有特殊的意义。本章会分别分析在智慧城市建设中,从零开始建设型智慧城市、改造型智慧城市和社会型智慧城市的开发商是如何看待市民参与的。在不同的人眼里,市民在智慧城市中的角色是一个备受争议的话题,有人认为其是城市进步不可或缺的力量,有人认为是

"事后诸葛亮"。通过综合一些关于智慧城市的评价来研究这些主题,作者认为智慧城市建设是忽视或排斥市民参与的非民主的、自上而下决策的。智慧城市的开发者非常清楚这些负面评价以及自上而下的城市开发和技术设计方法所带来的负面影响。本章最后讨论了关于"智慧市民"的新观点、底层草根如何参与智慧城市建设以及如何利用数字技术协同解决影响城市和生活的问题。

4.1　智慧城市中的市民参与

4.1.1　市民的作用体现在哪里?

现在,对智慧城市中市民参与方面最主要批评就是:根本没有市民的参与! 世界各地盛行的市场驱动模式中,都有一种技术解决主义的观点,这种观点在很大程度上忽视了城市的社会性和地方性。几个世纪以来,城市理论家们一直认为,建造城市的目的就是为了与他人交流、创造文化、强化社区[5-6]。智慧城市的发展忽视了这些特质,将城市视为建设高楼大厦和其他各种基础设施以及为少数人创造财富的地方[7]。主流的智慧城市模式口口声声说可以提高人们的生活质量,但实际上市民的需求以及能够代表他们共同创造城市的机构,往往不被重视,甚至是缺失的。

在智慧城市规划中,人的因素往往被当作个体数据的生成器、城市的生活方式、技术的消费者,甚至是产生城市问题的根源。

关于市民参与的问题,在智慧城市的宣传材料中也是一个尴尬的话题。首席信息官和政府官员们对市民没有充分参与智慧城市的开发深表担忧。这些担忧通常指的是,居民对智慧城市演示活动的参与度不够,对智慧城市规划普遍不乐观或缺乏热情,或者感觉市民的"接受程度与城市的期待不一致"[8]。

通常,人的习惯和个人欲望被视为智慧城市开发的障碍。当被问及智慧城市开发面临的挑战时,一家物联网咨询公司的总经理直言不讳地说:"首先,那些可恶的生活在城市里的人,使得进行智慧城市改造时困难重重,因为你不可能在实施可能影响他们生活的工程时,把他们赶出城市。"[9]该观点与其他科技公司人员的看法不谋而合。在某个智慧城市的活动中,一位工程师开玩笑地说,IBM"正准备检修管道时,突然来了一大群人,我们之前所有优化好的系统流程都被搞砸了"。[10]另一个例子是,IBM全球公共部门业务副总裁兼首席技术官 Guruduth Banavar 指出,智慧城市建设中屡屡出现的问题是,"让市民充分参与到所有发生的变革中去"面临着巨大的挑战[11]。这位 IBM 高管称,"智慧城市的标志是用合适的人,合适的规模,以合适的方式使用技术,而不是试图让所有的市民群体参与其中。"[11]不久前在堪萨斯城的一次活动中,来自 Digi. City 和 Smart City Connect 的 Chelsea Collier 阐述了"人"及"做大事的人"(people doing great things)在智慧城市建设中的重要性。但人们很快就明白了,这里的"人"是指那些信奉主流智慧城市理念和技术的城市领导者,而不是指普通大众。以上的引述意味着,尽管智慧城市宣称市民参与的重要性,但他们所设想的参与过程通常并不具有包容性,其执行者也并不认为普通市民能为他们所创建的系统提供多少价值或投入。这种观点使得相较于更为多样化的智慧城市模式,专家和自上而下的设计与决策过程处于一定的优势地位。

人被视为智慧城市开发商的潜在问题,因为人的互动和个人欲望具有动态性、不确定性和凌乱性。智慧城市非但不支持市民的互动和参与,反而将城市的社会性程式化,这是与城市里人们的随性特征相悖的。主流的智慧城市模型试图通过数字媒体简化和理顺城市日常生活的凌乱性和动态性,用一种新的复杂性(关于交通堵塞的大数据)取代旧的复杂性(交通堵塞)[12]。除了难以吸引人们到效率高但文化活力不足的地方,智慧城市还存在其他重要的问题,特别是没有将人作为城市的中心,以及没有设计有利于社区活动的技术和场所。以下各节将对这些问题逐一阐述。

4.1.2 无人代言的人

作者曾参与一些企业高管和行业顾问的讨论,在讨论中,这些企业高管和行业顾问常将智慧城市"改善人们的生活质量"的说法挂在嘴边,但对如何改善等问题,他们又语焉不详。很清楚的一点是,市民并不能决定这到底意味着什么。作者对从零开始建设型智慧城市总体规划和宣传文件的研究表明,人及其社会行为被开发商框定为系统中的漏洞。人就像城市问题一样,需要管理和监管:他们出行和消费的效率低下、常常迷路、不掌握自己财物的状态、甚至不了解自己孩子的动向、引发犯罪和公共安全隐患,这一切都需要通过计算来帮助他们。人也被设想成其他类型的"虫子":用于检验试点城市内新举措的果蝇;忙碌地生产数据的工蚁,并期盼能自主支配自己的行为[12]。

人变成了城市的用户或客户,而不是城市的居民或参与者,他们不再是生态系统的一部分,而仅仅是与之互动的客体。市民缺乏在智慧城市中进行创造或改善的能力。技术系统通常衡量的是"部门和机构"(例如政府部门和基础设施、公共和私人公用事业供应商和服务),而不会去考虑如何为改善邻里和社区生活而采取行动[13]。De Lange 和 De Waal 还指出,智慧城市的"三要素"——政府、大学或研究机构、科技产业和企业家,均忽视了市民作为代理人或行动者的角色。相反,这些实体依靠共同的专业知识来引导和创造城市内部的变化,并就智慧城市的结构和功能做出明智的决策。将市民视为智慧城市的最终用户或客户,这就限定和忽视了他们作为智慧城市设计与开发参与者的角色。

此外,现有的智慧城市技术实际上抑制了人们日常生活中很多随性的决策。

智慧城市系统鼓励流动性,但同时扰乱了人们的居住空间、减少了人们在城市中逗留以及偶然相遇的可能——因为无须等待公交车、无须等待红绿灯、无须逗留、不会迷路。

自动驾驶技术和自动交通灯限制了人类参与交通流决策的权力。装配了传感器的路灯和照明系统不需要人的干预就能自动开启和关闭。摄像头在未经授权的情况下,将行人的行踪报告给未知的实体。AI和物联网提供代客服务,外包信息检索和数据分析,并将算法给出的建议推送到客户手机上,而显示屏和应用程序App则提供经过分析和整理的数据,以便做出"明智的"决策。为了效率,为了生活便利,城市被精简并优化了,市民之间以及市民与城市之间的交流和互动却被限制了。

智慧城市技术将市民定位为数据的被动接受者和信息提供者,而这些自动生成的数据又以理性的方式改变了市民的行为。在很多情况下,市民的参与被简单理解为上传自己的心率或城市道路破损的照片等,他们几乎或根本没有改变城市运行机制的机会,也没有机会相互商议。他们以这种方式与城市进行互动,与通常人们使用数字媒体实现的群体智慧、网络化互动、社群交流以及创造性表达等方式截然相反,可以说是形成了鲜明的对比。

网络安全与数字经济研究专家Catherine Mulligan认为,在智慧城市的开发过程中,企业和政府机构并没有停下脚步询问:市民到底想要什么?虽然大学和社区都需要在这一领域进行更多的人种学和定性研究,但企业和政府机构确实应该让城市居民参与到智慧城市的规划中[14]。美国一些城市已经启动了大规模的智慧城市计划,组织了各种会议、活动,建立了在线论坛,向市民宣传智

慧城市计划。他们通过公共的会议信息平台、在线论坛等,发布智
慧城市规划的参会邀请。但是,这些活动并不富有成效,在很大程
度上更让人觉得是表演性的、敷衍了事的,而且实际参与的人群也
是限定的。虽然智慧城市的高管们公开承认,人是充满活力的城
市的核心,但这些高管们并没有做出实质性的努力,并没有认真地
倾听市民声音并将其纳入到智慧城市的开发中。

4.1.3 人,被排除在智慧城市对话之外

从零开始建设型智慧城市的开发,其方案编制、技术设计及实
施完全是由企业和政府做出的,普通大众很大程度上被以各种方
式排除在智慧城市的开发之外。关于智慧城市规划的各种探讨和
辩论,通常被视为是利益相关的精英们之间的对话,这些人包括科
研人员、公司高管以及政府工作人员等。他们讨论智慧城市的基
本概念、行动方向以及技术发展的各种峰会、博览会动辄收取着数
百美元(有时超过 1000 美元)的注册费,普通市民难以参与其中。

当智慧城市的开发商试图通过参与式的规划过程来实现包容
性时,他们采取的方式可能是不恰当的。参与式规划之所以饱受
批评,在于它摒弃了代表广大城市社区的观点,而且,参与式规划
的结果也不一定会被纳入最终的实践。一些学者观察到,在参与
式或协同设计模式中,市民只是参与了"下游"的基础设施项目,或
者他们的参与基本上无关紧要[15,16]。

文化地理学家 Anthony McLean、Harriet Bulkeley 和 Mike
Crang 发现市民参与智慧城市基础设施规划的规律:城市被看成
了智能技术的实验台和测试场,市民的协作被推延到基础设施实
施的最后阶段[17]。市民只是在基础设施部署完毕后,被邀请来试
用这些技术并公开分享数据,而政策制定者则将如何利用这些数
据的责任推诿给市民。与此相关的是,数字文化人类学家 Dorien
Zandbergen 指出,欧洲的政策决策者在关于智慧城市的描述中,接

受并强调城市协同共创或 DIY 市民数据科学的版本。但是,在对一个参与式空气传感器项目进行人种学研究后,她发现,企业利益和市民利益之间存在着紧张关系,包括平台设计和项目品牌推广的决策都是在没有市民参与的情况下,由企业参与者做出的[18]。

智慧城市委员会的 *Readiness Guide* 鼓励开发商致力于参与式规划以及自下而上和自上而下的混合决策与创新过程。该指南将 Oracle 和 Amey 等科技公司称为开展参与式规划及社区参与的专家,并提示市民参与智慧城市开发时涉及的若干风险。并且指出,与人打交道是很复杂的,他们提出来的城市问题解决方案可能是出于自身利益的考虑。具有讽刺意味的是,影响指南编写的公司其实也是如此。指南还提到,低收入社区经常被排除在智慧城市的话语圈之外,没有任何专家给出让这部分人群参与或授权他们采取行动的途径。

作者发现,公众参与智慧城市规划具有阶段性。大多是通过社交媒体、在线论坛等短暂地进行,与当地科技企业家交流的快乐时光也是很短暂的。在美国堪萨斯城,关于智慧城市的研讨会、政府会议通告,有时是在会议举办的当天才通过电子邮件、Twitter 和 Facebook 等发布。尽管其中一些活动聚焦于数字包容,但不能联网的人将无法收到邀请。虽说这些非正式会议号称其对公众开放,但一般在下午 4:00—5:00 才开始,并且远离低收入社区。这些会议通常在很讲究的高档社区或艺术区里的鸡尾酒吧、啤酒吧或者精品咖啡店举行,这种方式很自然地将那些不在附近工作或居住、朝九晚五要上班的,或者不习惯在高档酒吧消费的人,统统排除在外了。出席活动的一般都是科技公司和创业公司的员工、当地企业家、市长办公室的职员等,大家都彼此熟识,作者就曾参加过几次类似的活动,发现几乎看不到生面孔。

在上述场合举办的"社区合作伙伴"(如初创企业和孵化器的经理)与智慧城市、创新创业、科技产业以及内阁会议中的常客之间的对话,有时会在网络上进行直播,但这些活动的信息很少以其他方式进行传播。所有反映这些讨论的照片和直播基本属于公关炒作,照片中的与会者展示着迷人的笑脸,饶有兴致地交谈,喝着当地生产的啤酒,展示着庆祝"高端对话"的盛况,讨论的内容却在实际报道中基本没有涉及。

聚会结束后,关注此类活动的市民指出,从网上发布的活动照片来看,没有有色人种的参与。堪萨斯城的一些有色人种市民和科技圈外的市民在网上留言,虽然他们很想参加有关智慧城市的活动,但却没有获取消息的渠道。堪萨斯城的社区成员要求举办者在未来的活动中事先通知他们,一些人则感叹自己因工作原因无法参加。虽然这些推文被少数参与者和组织者"点赞"或收藏,但基本上没有回复[12,19]。

另外,堪萨斯城免费的、向公众开放的智慧城市演示活动,参与的人也并不多。为了配合公共有轨电车服务的推出(该项目是堪萨斯城智慧城市计划的一部分),该市举办了一个名为"智慧城市村"(Smart City Village)的展示活动。地点位于市中心商业区的一个玻璃展览空间内,设有若干展位,展示来自思科、Sensity(响应和数据驱动的照明系统)和公共有轨电车项目的产品。作者在一个阳光明媚的周六下午去参观时,展厅里除了自己没有其他人。

4.2　智慧城市规划师眼里的市民参与

有关智慧城市的指南中都会敦促开发商"吸引"市民的参与。从发布的规划文件和公开声明中可以看出,智慧城市的开发商其实很明白,市民是智慧城市取得成功和可持续发展不可或缺的组成部分。大多数这类报告和路线图都指出了用宽带基础设施和智能技术将所有市民和社区连接起来以及向市民"提供有价值"的"解决方案"的重要性。2017 年世界智慧城市博览会(Smart City

World Expo 2017）的主题为"赋能城市，赋能大众"（Empower Cities，Empower People），该届博览会发布报告提醒政府规划者：让市民参与到智慧城市开发中，可能是最困难的挑战，但也是必须面对的挑战。报告建议将市民的生活当作一个活生生的在线实验室，对智慧城市的技术进行测试，来辅助管理城市[20]。"赋能"是一个不断被提起但含糊不清的口号，而且从未有人能解释清楚下列面向公众的举措如何具体地给市民带来实际益处：开放数据系统、应用程序 App 和显示屏、数字化信息和服务（如 311 电话、执照申请、政府网站等）。凡是在任何场合向市民提供由传感器或监控摄像头采集到的有关其活动的信息，都会被笼统地称为是"赋能大众"。

这种技术赋能的形象在筹资申请中也有详细描述。在智慧城市挑战赛的宣传材料中，建设"包容性"的城市往往被列为申请条件之一。受美国交通部智慧城市挑战赛资助的多个入围项目，都提到市民的生活是基础，而且所有项目书都声称改善与欠发达地区、少数族裔社区的联系是项目的核心。堪萨斯城希望采集更多关于市民的数据赋能市民；奥斯汀市提出，让欠发达社区参与进来，更多地了解他们的需求；波特兰市承诺，市民均可享受新交通系统的红利，并将社区成员作为开发智能技术的不可或缺的组成部分；哥伦布市指出，智慧走廊和支付系统将会降低欠发达社区的婴儿死亡率[21]。虽然围绕包容和让边缘化社区参与的呼吁明显增多，但企业合作伙伴之间关于社区和市民参与讨论也仅限于三种形式：客户服务、众包对话以及获取大数据集。

4.2.1 客户服务

对许多智慧城市的倡导者来说，市民的参与是以类似"零售"的方式呈现的，即把市民视为政府和商业服务的客户。

智慧城市开发的目标一般被概括为优化"市民服

务"的供给,如交通、水电供应、垃圾处理、积雪清扫以及公共安全等。

此外,智慧城市还强调将市民与商业企业联系起来的重要性,以简化市民与他们经常光顾的店面之间的联系。不管哪种情况,市民间的这种互动都类似于商业上的客户服务。

自智慧城市项目启动以来,纽约市一直致力于通过多模式渠道获取城市中的投诉信息。如通过即时聊天、311 在线、社交媒体等"投诉平台"举报诸如停电事故之类的突发事件,这些在智慧城市的市民参与活动中已屡见不鲜。其他类似的服务还有FixMyStreet、SeeClickFix、BOS:311 以及 Commonwealth Connect 等,手机用户可通过这些服务将路面损坏的照片发送给维修人员,这些也可以看作是对市民参与类似于客户服务的一种诠释。纽约市将其 311 在线和社交媒体描绘为"简化的客户服务体验",市民作为公共事业的消费者参与其中,并向服务提供商提出诉求。正如设计与公共政策教授 Dietmar Offenhuber 所言,这些以提供投诉报告为重点的用户友好、千篇一律、极简的市民参与模式,可能会掩盖更大的系统性问题。例如,Offenhuber 教授指出,虽然报告路面损坏并接到修缮通知,可能会使市民感到他们的需求得到回应,但这些"渐进式修补可能会以牺牲更全面的解决方案为代价,比如修建质量更高的道路"。[22] 此外,这些市民参与模式往往反映的是个人愿望,而非社区意愿,也很少能转化为其他形式的大众赋能或参与。

4.2.2　众包对话

除了客户服务框架外,市民参与也被理解为与城市官员、政府部门或其他市民的在线讨论互动。邀请人们参与到城市运营的账号、新闻网站或论坛,能够使城市倾听并收集到市民的意见。按照惯例,邀请意味着让市民参与,但不一定要控制、发起或引导相关的对话。虽然社交媒体可以搭建市民相互交流和讨论的平台,但智慧城市项目更多的是一种由政府发起的对话,类似于广播模式,由市长或其代表向听众发布信息或授权聆听[23]。

　　在许多情况下(当然不是所有时候)市民都被定位为与政府互动中的受众,而不是发声的一方。纽约市的智慧城市项目就说明了这一点。在数字化路线图中,列出了 12 项市民参与的目标,其主要目标是:开通实时聊天、Facebook、Tumblr、Twitter、YouTube、Foursquare 等由政府运营的账户,市政府通过社交媒体展示城市形象,以便快速向市民发布通知、推送信息,推广市政活动和品牌,并听取市民的需求和体验。虽然这些社交媒体账户吸引了众多粉丝,但市民大多只是点赞或转发,没有评论或交流互动,并且是由政府方面的发帖推动的。这类社交媒体上的社区互动和互助小组由市政府主持,他们是群里对话和帖子内容的唯一控制人(请参看 NYC Quits Smoking 和 NYC Schools 账户),政府方面却声称,这些渠道促进了社区主导的沟通交流,政府官员只起一定的辅助作用[24]。

　　一般情况下,在与受众互动方面,智慧城市都遵循已有的营销与公共关系惯例,如发布音频/视频内容、在帖子结尾处抛出问题、使用标签来引导和汇总回复。

　　总的来说,城市为市民的参与建立了框架,却没有批判性地审视这些关于市民参与的商业平台和行业模式是如何构思及实施的。

　　例如,使用社交媒体进行市民或邻里的协调与沟通,可能会被一些市民理解为是排他性的。市民可能不愿意使用 Facebook 和 Twitter 进行邻里沟通,因为可能会将一部分邻居,尤其是老年人、低收入者或不懂数字技术的人排除在外[25]。被问及对纽约数字路线图的意见时,受访者表达了同样的看法。他们指出,并非所有人都会使用社交媒体和新兴技术,因此,市政府在使用时应保持谨慎。市民们还表示,解决城市问题的办法不能总是说"我们需要一个新的 iPhone 应用程序!""大家都用 Twitter 吧!",因为不是每个人都使用社交媒体,也不是每个人都有智能手机[24]。

　　政府官员还认为,众筹和众包平台有助于市民参与。像 Neighbor. ly、EveryBlock、Neighborland、Brickstarter、Kickstarter 以及 YIMBY 等平台,都被认为是非常了解市民的应用程序。但是,它们分享的观点类型和由谁来分享却很少受到质疑,而且常常被错误地当作整个城市的代表性样本。甲骨文等公司鼓励智慧城市在建设中要利用大众的智慧,以促进经济发展和创新,同时提醒潜在的客户,利用大众绝不意味着放弃对人的控制。相反,"在每一种商业协作模式中,企业的 IT 都要发挥关键作用。"[26]正如这句话所暗示的那样,众包被认为是一种不应该完全分配给人群,而是由企业或政府实体来协调和利用的活动。

　　政府与公众之间信任和联系的建立,并不是单靠隐私政策或者围绕着旨在控制市民行为和促进效率的技术展开讨论就能实现的。在对美国主要城市市民媒体从业者和利用媒体推动民主进程的人士进行采访后,市民媒体学者和设计师 Eric Gordon 与 Gabriel Mugar 认为,要与市民建立信任和联系,市民媒体用户需要建立网络,保持开放讨论和持续投入的空间,并分配权利[27]。研究人员对市民媒体进行了解读,认为市民媒体必然会降低效率与优化的终极目标,转而支持有利于联结和反思的"有意义的低效率"(meaningful inefficiencies),这与主流的智慧城市趋势迥然不同。

　　与商业驱动的模式不同,一些城市开发和使用的平台侧重于创建信任、协作及参与的网络,通过将市民彼此联结起来,并与地方政府联结起来,以实现共同的目标。Better Reykjavik 就是一个由基层群众创建的、开放式的创新平台,该平台具有这样的功能,在一项政策措施提交政府审议之前,市民可以通过该平台提出异议、协同修改以及投票表决。在伦敦,市长办公室与当地初创公司 Spacehive 合作,建立了一个市政众筹平台——Mayor's Crowdfunding Pilot,在这个平台上,邻里、当地企业家以及城市开发商可以提出并共同资助社区改善计划。该平台与 Kickstarter 之类的众筹平台类似,只要有足够多的人支持一个创意,那么项目就会被推进。在该平台中,市长办公室根据项目的可行性、创新性和受支持程度,为众筹项目提供部分资金。仅在第一年,该平台就为35 个项目(平台试点结束时项目数已增加到 50 多个)筹集了 83 万英镑的资金,有 2300 名支持者[28]。伦敦市建立了一个平台,在这个平台上,可以启动由市民主导的街区改善计划,解决有意义的问题,并培养市民与城市之间的相互赋权感。

4.2.3　数据与公众参与

市民参与,涉及数据采集和由用户生成内容的隐私问题,因此引发人们对道德问题以及市民隐私和监控问题的关切。尤其是在智慧城市开发中,采集和分析大数据的流程和政策倍受关注。例如,Sidewalk Labs 开发的多伦多市滨水区项目 Toronto waterfront,其首席隐私顾问 Ann Cavoukian 就因为将采集到的可被识别的智慧城市中生活及活动情况的数据,提供给不受 Sidewalk Labs 隐私保护协议约束的第三方公司而引咎辞职。其他几位该项目的领域专家,也因数据保护的透明度、隐私和责任问题而辞职。其中一位专家,加拿大 Tech Girls 公司的创始人 Saadia Muzaffar 指出,谷歌公司"公然无视居民对数据和数字基础设施的担忧",以及"冷漠、而且对岌岌可危的公众信任缺乏领导力"[29]。

通过大数据实践和平台产生的知识,研究人员已经发现,公共机构使用的算法系统和大数据可能重新制造出不平等,并对少数族裔、弱势群体和他们居住的社区带来风险[30-32]。而当数据的采集和使用符合道德规范,并与社区需求和公众参与的基础设施相协调时,可以利用众包内容、大数据和开放数据来造福城市及市民。

4.3　智慧市民及其他视角

在几座从零开始建设型智慧城市破土动工之后,人们对"智慧市民"而非智慧城市的认可才变得引人注目了。智慧市民,不仅是对商业化智慧城市开发的批评,也为智慧城市开发提供了另一种选择。智慧市民在我们身边已经随处可见:使用智能手机和社交媒体联系彼此、导航等以创新的方式体验城市[33]。一些学者和城市规划师认为,智慧市民是需要培养的[34],而其他批评者则提醒人们注意,"智慧"与数字媒体的使用并无内在联系;即使市民不是采用高科技手段实现目标的,他们也可以是智慧的,智慧城市在设计时对这一点应铭记在心。网络上很多的抗议活动,以及利用智能手机和/或社交媒体进行的动员,现在已被视为智慧市民的范例。当然,智慧市民也有赖于对科技的适度应用以及适度地鼓励那些有想法的、积极的市民,帮助城市做出更好的决策[33]。智慧城市设计者应当重新考虑如何更好地利用这些智慧,而不是忽略或抑制[13]。

在一些智慧市民的宣言中提出了关于智慧市民的各种标准、愿望及呼吁[7,35]。作为智慧城市的替代或补充,对智慧市民的认识和培育,被视为对抗房地产开发商、市政府以及科技公司们一种自上而下的方法。将智慧市民视为智慧城市的基础,有利于政府及其技术合作伙伴在解决城市问题时发挥作用。这是一种将智慧城市重新定义为集体智慧和协作的观点,人们不仅可以共同解决高效率的服务问题,还包括教育、贫困、住房以及城市社区中的其他问题。

智慧市民的视角强调社区、基层组织以及参与模式在智慧城市开发中的重要性。研究者建议,在智慧城市及其技术方案的设计、开发、实施和使用阶段,应征求市民的意见。智慧市民应当被告知城市中正在实施的技术,被告知并决定如何使用这些技术,以及这些技术将如何影响他们的生活。这部分市民应了解有关隐私、技术以及数据分析的基本知识,并能参与有关智慧城市开发的研讨。本着这种精神,如果智慧城市真的是"智慧"的,那么规划过程就会采用民主或群众路线,并将边缘化人口与信息通信技术联系起来,以提高他们进入就业市场、接受教育、保障健康的机会,以增强社会凝聚力。

智慧城市的其他方面依赖于如何定义城市的"智慧",以及市民及社区应该扮演怎样的角色。智慧市民的参与策略应由社区来设计、主导,以问题和社区成员的需求为出发点,而不是以企业或市政府的议程为出发点。这就需要重新调整以往自上而下的开发计划和商业技术;此外所采集的数据与之前由企业和政府主导时类似,但社区需要拥有对这些数据的控制权和所有权。这些举措仍然依赖于代表"智慧"的技术手段,但已经体现了社会性、组织性、社会凝聚力以及群众路线是城市结构和情感联系的核心。

4.4 编程马拉松之外的开放数据

智慧城市开发中的不同主体都将市民的各种数据视为免费和开放的,而不是私有或专有的。一些底层群众或智慧市民项目都尝试创建更易访问、匿名的数据共享,以及本地化、可定制的和公共拥有的数据。目前由政府主导的开放数据的一个趋势是,通过政府网站托管数据集、市民和第三方开发者可以下载和利用这些数据集来创建应用程序和服务。这些数据在政府主办的编程马拉松大会上被展示和使用,以鼓励市民、本土企业家和技术设计师们将数据纳入城市的媒体项目中。另一个新兴的趋势是,由社区决定他们想要采集哪些信息以及如何使用这些信息。

　　社会型智慧城市的支持者和其他主流智慧城市模式的批评者,都呼吁人们转变模式,限制数据访问。目前,开放数据项目已经司空见惯。但是,这些项目提供的都是打包好的、清洗后的、精选过的数据,而且数据渠道是来自官方(如人口普查或政府部门)提供的统计数据和信息。开放数据和电子政务项目往往只利于希望通过基础设施系统来监视和控制市民行为的管理当局。相比之下,对于相同的数据,市民可以采取不同的方式加以利用:提出资源的公平分配问题,质疑社会权力,解决制度化的弊端。例如,美国白宫的开放政府项目(Open Government Initiative)前主任、教授 Beth Simone Noveck 将开放数据和开放政府描述为一种手段,将制度化的决策过程开放给系统化的、持续的审议以及与多元化的市民群体的合作,重点是征询和利用公众的反馈及其专业知识[36]。

　　数据共享和开放数据系统的一个主要目标是提高可访问性、社区意识以及促进市民参与市政管理。在数据驱动的智慧城市中,开放数据集被视为实现这些目标的一种手段。除了隐私和安全问题外,开放数据背后的逻辑还存在一个问题,那就是采集的有关市民活动的数据集,可能会越俎代庖成为政府和城市规划中市民呼声的替代品。媒体与传播学教授 Nick Couldry 和 Alison Powell 指出,"呼声"是民主和社会组织的基本价值,通过发声,公众来表达自己的日常诉求[37]。Couldry 和 Powell 也认为,数据的自动生成和融合已成为智慧城市愿景的基础,但这与重视公众呼声形成了鲜明的对比。他们认为,保持数据及其采集方法的透明度,而不仅仅是倾听人们对城市体验的描述,是市政府保持对其服务的公众负责的一种方式。

　　在开放的政府与开放的创新系统中,社区意识不断提高,参与的模式也在不断改进。诸如 PulsePoint、Ushahidi 和 Resilient NYC 等移动的、分散的应急与救灾系统使公众能够充当第一响应者。除了提供数据或防止黑客攻击之外,鼓励公众与市政府合作的众包计划,尤其是在参与式预算编制方面,已经变得越来越普遍。研究人员和社区组织者们建议,"倾听之旅"是市政官员与社区成员进行联系、与市民协商制定城市发展战略(Beta NYC 就是一个例子)的一种方式。城市数据及有效数据源到底是什么、开放数据集到底要包含什么样的事实与信息,搞清楚上述问题,就可以获得更多关于城市有价值的知识与经验,也会有更多不同社区愿意来分享、采集和分析他们的经历。有一些实例可能包括更多的定性数据集,如访谈、口述历史、社交媒体上自愿的签到或发帖、社区调查、社区制作的媒体及故事等。

Townsend 在 *Smart Cities* 一书中,对那些维持政府补贴或社区共有的网络、信奉"计算领导力网络"(computational leadership networks)、鼓励城市黑客进行有社会责任感的改进的城市,持乐观态度。他指出 Foursquare 网站的 API 研讨会和 DIY 城市编程马拉松,都是开放数据与参与式合作文化引导城市创新和解决问题的典范。通常,城市黑客通过编程马拉松或研讨会所使用的数据,都是由政府或私人企业组织采集并提供的。当然,也有社区利益相关者在早期就参与开放数据计划的例子,这种情况下,用于监控城市的数据和指标均由市民来决定[38-39]。其中一个案例是"城市监视器"(City Monitor),包括一系列由政府官员、市民及研究人员共同制定的指标,研究人员曾利用这些指标对至少 13 个 Flemish cities 的表现进行了评价[40]。

除了编程马拉松之外,社区和政府可以共同构建关于城市的可操作知识,围绕共同关心的城市问题进行磋商并合作解决问题。麻省理工学院城市数据设计实验室(Civic Data Design Lab)主任 Sarah Williams 认为,"大数据不会改变世界,除非它被采集起来并综合成具有公共利益的工具。"[41]她的工作说明了不同的城市社区如何参与到城市数据的识别、汇总和分析,数据可视化如何最终引发政策的改变,以及这些过程如何赋予社区权力,使其成为致力于改善城市的决策者。她的实验室针对纽约布鲁克林区(Brooklyn,New York)缺乏重返社会计划的可视化大数据进行研究,影响了2010年《刑事司法再投资法案》(Criminal Justice Reinvestment Act of 2010)的出台,该法案的实施促使为曾被监禁的美国人重返社会拨款2500万美元。Purpose Labs提供另一个案例,说明开放数据可视化如何潜在地促成政策的改变,引起公众对城市问题的关注。在其主导的在"呼吸生命"(Breath Life)活动中,Purpose Labs开发了一系列的交互式数据可视化和社交媒体内容,向52个城市的居民发布其所在地区的空气质量,以及他们可以采取的行动,以支持减少空气污染对健康和环境影响的政策[42]。

另一个鼓舞人心的案例中,Williams讨论了新的数据可视化和采集工具的协同设计,如何使社区能够讲好他们自己的故事,使得政府能够基于社区的视角更好地了解社区的需求。通过与马塔图(Matatu,肯尼亚内罗毕市的一种主要交通工具)司机、研究人员、学生以及技术设计师的合作,麻省理工学院城市数据设计实验室帮助居民创建了一张肯尼亚内罗毕市的非官方旅游网络图[43]。此前并没有马塔图的路线和站点的地图,这意味着对司机、乘客以及政府官员来说,城市交通网络并不清晰,服务的效率受到一定的影响。数字马塔图项目(The Digital Matatus project)设计了有关马塔图的应用程序App、开放地图以及数据集,并围绕非官方交通网络尝试社区参与和数据采集过程。数字马塔图项目没有试图采用高科技车辆或供应商驱动的服务,取代非正式或半正式的交通网络,而是利用现有城市交通网络及方式的信息,创新性地吸引市民与政府参与数据的采集与更新。团队成员开发了新的工具、协作流程与方法,使多个利益相关者参与到数据采集和流程规划的所有阶段。

4.5 科技手段和数据采集

智能技术的批评者们认为,市民使用原始的素材而不是成品会做得更好。与其依赖商业技术和预包装过的数据,不如寻找替代方法敦促本地技术专家、社区和市政府开发自己的数字工具,以促进市民的参与。这种观点的支持者敦促政府和市民为本地居民提供培训和/或支持,以开发自己的技术,DIY 众包信息、数据采集以及有组织的集体行动。联合国教科文组织(UNESCO)提供了一个以社区为中心的互联互通的典型案例。联合国教科文组织没有依靠城市、地方政府或公司的力量来建设电信与互联网的接入点,而是发布了 *Community Telecenter Cookbook for Africa*,指导社区建设自己的电信中心。这种方法将市民当作问题的解决者和智慧城市规划的共同制定者。

在美国底特律,联合媒体项目(Allied Media Project)和开放技术学院(Open Technology Institute)发起了底特律数字管家计划(Detroit Digital Stewards Program),指导社区成员和组织者在社区设计和部署无线网格(Mesh)网络[44]。该项目已将培训范围扩大到底特律以外的地区,如美国的华盛顿市、纽约市,突尼斯的萨亚达市(Sayada),以及印度的达兰萨拉市(Dharamsala)。通过建设由社区设计并拥有的通信基础设施而树立起来的管理意识和市民协作意识,不仅提供了低成本的数字连接,还培养了一种本土自豪感,提高了解决城市问题的效率,并通过这种基层行动增强了数字包容性。

研究人员和技术设计师也对智能技术赋予了新的用途。麻省理工学院的 Senseable City Lab 等媒体设计实验室已经尝试传感器在城市中的其他用途。比如"垃圾追踪"(Trash Track)项目就是在咖啡杯等废弃物品上安装传感器,以追踪垃圾回收系统的运行情况。其他一些项目则可以为通勤者提供实时、开放的数据集,指引回家的便捷路线,或者可以提供能减少能源消耗和利于垃圾管理的社区特定战略(如 LIVE Singapore 项目)。

设计师们试图让边缘化社区掌握智能技术(如传感器、摄像头和数据采集),进而改变权力结构。在底特律,大学研究人员培训青少年使用传感器套件,设计民意调查来跟踪空气质量、温湿度以及附近河岸的交通情况。这个名为"盒内传感器"(Sensors in a Shoebox)的项目,将采集到的数据传输到一个公共网络账户上,以方便访问社交媒体的社区成员浏览和下载数据,并能长期监测社区环境[45]。将传感器交到贫困青少年手中,使他们掌握这些技术,并通过数据采集和分析,回答有关环境的问题,使普通居民能够熟悉传感器,并掌握数据使用的方法。其他一些非政府组织则侧重于教育公众了解数据采集的方法并分析其价值。比如 Mapping for Change 项目就通过训练弱势社区、地方组织进行数据的采集和可视化,并围绕可持续与环境问题,如噪声、气味污染、空气质量以及交通、可达性和流动性等问题制订计划。这些计划鼓励市民自行对当地的重大问题进行调查并做出有数据依据的决策,从而将改善当地条件和生活质量的责任转移到个人和社区手中。类似于 Mapping for Chang 的项目被归类为"市民科学"(citizen science)或参与性行为研究,在这些项目中,市民与研究人员合作开发和实施项目,利用科学方法解决迫切的问题,并向公众提供这些问题的有关信息。

协作和参与式媒体的使用是培养智慧城市和智慧市民的另一个基层战略。常见的利用智能手机进行协作配合例子包括用于监测交通流量的 Waze、用于共享乘车的 Uber、用于众包劳动的 Task Rabbit 等 App 服务。除了这些以营利为目的的实例,还有 Map

Kibera(肯尼亚的一个市民地图项目),Onde Tem Tiroteio(里约热内卢的一个手机应用程序)等,其中 Onde Tem Tiroteio 将里约热内卢的暴力事件以众包方式通知民众,展示了都市居民为什么愿意采用数字工具,集体生成大数据,以改善地方公共安全。其他的市民感知项目则是利用手机、应用程序 App 等软硬件,或将可穿戴传感器导入步行或驾驶等日常活动,将智慧城市规划与数据采集融入日常的生活习惯与常规工作中。法国巴黎通过给行人配备天气和臭氧传感器,以监测空气污染水平,而其他一些城市则尝试将手机作为传感器,监测交通模式和环境状况。不管怎样,手机作为传感和通信设备还可以进行功能扩展,比如鼓励市民之间的互动以及共享所采集的数据。

　　智慧城市通过促使市民参与到已有的活动,运用人们已经得心应手的技术,或参与到需要新的数字知识和培训的协同设计活动中,使他们更有归宿感,更加持续、积极地参与城市活动。想要对社区的刚需和生活质量产生直接的影响,也往往需要市民的持续参与。鼓励市民与其他人、机构或资源建立联系以解决城市问题的民生项目,要求在城市生活和治理中,市民具备主人翁意识、管理意识和效率意识。与 IBM 所推动的智慧城市愿景不同,里约热内卢市民创造出另一个草根智慧城市网络,这也是其智慧城市的一大特色。2011 年,Alessandra Orofino 与 Miguel Lago 共同创立平台"Meu Rio",为市民营造了一个数字空间,使他们能够为城市中重要的事业开展活动。目前已有超过 16 万名 20~29 岁的市民加入该平台,并成功开展了多项市民活动。比如,一个小女孩通过该平台的活动避免了将学校夷为平地变成奥运会游客的停车场,拯救了自己的学校;贫民窟里的一位市民通过平台为他的社区争取到一个废品回收项目;一位母亲因为女儿失踪动员了 15000 人,向当地政府施压,呼吁警察应建立调查失踪人口案件的部门[46-47]。市民参与项目以"Nossas"(Ours,我们的)之名,已扩展到巴西的其他城市。该项目的网名反映了人们的主人翁意识,说明了正在发现和解决的问题都是城市居民自己发现、集体关切的问题,也提醒市民对城市拥有的共同权利——市民有权利进行变革、管理、重新设计和维护。

正如这些例子所表明的那样,协作性的数据采集与分析或由市民主导的动员活动,是吸引城市社区及利益相关方参与进来并促进市民与市政当局进行合作的有效途径。这项工作凸显了在开展开放数据和市民动员计划的同时,对数据和技术扫盲计划的巨大需求。市民数据设计实验室(Civic Data Design Lab)的研究实例强化了这样一个观点,即数据扫盲,而不仅仅是数据的可用性,对社会公众和城市的改善大有裨益。在数字马塔图的案例中,市民对该项目的参与证明了市民对城市运行模式的独特视角,同时使数据的采集、分析和可视化过程更加清晰。市民的数据素养和城市知识使他们能够参与到民生项目和自上而下的智慧城市建设中。

4.6　结束语

智慧城市的开发商通常很难将智慧城市的内容、描述和象征性力量反映到本地需求、社会影响和城市空间的体验上。虽然一些学者和设计师认为,数据采集与分析可以改善社区的集体行为,但批评者认为,当代的智慧城市甚至连假装能充分解决市民的需求都做不到。如本章的案例所示,与满足规划部门和政府机关的内部需求相比,智慧城市项目将城市中实际的空间、人口及其关注点作为城市发展的中心不仅是可能的,也是有利的。

如果是面向市民而不是向市政府推销,即使是商业化的智慧城市项目,其观感和实效也会大不相同。

　　赋权智慧市民的新观点说明,占主导地位的智慧城市模式更善于营造智慧空间,而不是促进民主进程或为有意义的社会互动提供有用的工具。目前的智慧城市框架构建了技术网络和机构、客户服务模式,以实现市民与城市服务的连接。占主导地位的智慧城市模式为一部分(但不是全部)市民提供了舒适和便利,但说到社会性,以及与"那些讨厌的人"(those pesky people)的互动,只是亟须解决的麻烦而已。

　　商业化的从零开始建设型和改造型智慧城市模式,从一开始注重的只是便利的基础设施,而不管是否有用。通过优先考虑自上而下的目标和愿景,智慧城市规划者们正在努力解决如何以人为本的问题[48]。在市民参与方面,智慧城市开发者既传播着有限的愿景,又不断呼吁更多的市民参与和投入。社会型智慧城市与智慧市民的观点,要求设计者深入思考城市及人们在城市中的活动,而不仅仅是从市民活动中获取数据。

　　通过参加智慧城市博览会及各种会议,以及与CIO、城市管理者和智慧城市技术供应商之间的交流,许多有实力的智慧城市决策者似乎对数据的采集和使用更感兴趣,而不管这些数据能干什么或采集数据的目的是什么。这种将数据视为待采集的客观对象,将技术视为待实施的意识形态上中立的实体的观点,注定了从实用主义的角度上,仅仅将城市视为一个空间而已。智慧城市的建设者可以更深刻地思考,在他们所开发的网络和软件中嵌入的方法、目标与偏见,以及创新的数字技术可以如何促进民主进程及大众创新,从而使更多市民的声音融入整个智慧城市的规划过程中。智慧城市天生具备促进城市协同、协作潜质,但我们必须意识到这一角色定位比城市的基础设施建设和服务优化等工作更富有成效。

参考文献

[1]　Hollands R G. Will the Real Smart City Please Stand Up? [J]. City, 2008,12(3)：303-320.

[2]　Batty M. How Disruptive Is the Smart Cities Movement? [J]. Environment and Planning B：Planning and Design，2016，43（3）：441-443.

[3]　Roy S. The Smart City Paradigm in India：Issues and Challenges of Sustainability and Inclusiveness[J]. Social Scientist，2016，44（5/6）：29-48。

[4]　Kitchin R. The Real-Time City? Big Data and Smart Urbanism[J]. GeoJournal,2014,79(1)：1-14.

[5]　Jacobs J. The Death and Life of Great American Cities[M]. New York：Vintage,1961.

[6]　Mumford L. The Culture of Cities [M]. New York：Harcourt Brace,1938.

[7]　Kresin F. A Manifesto for Smart Citizens[M]//Hemment D,Townsend A. Smart Citizens. Manchester：Future Everything Publications，2013：91-94.

[8]　Smart City Readiness Guide：The Planning Manual for Building Tomorrow's Cities Today[EB/OL]. (2017). https://readinessguide. smartcitiescouncil. com/.

[9]　Retrofitting Smart Cities[EB/OL]. (2014-09-17). https://newsroom. cisco. com/feature-content?type＝webcontent&articleId＝1489176.

[10]　Wakefield J. Tomorrow's Cities：Do You Want to Live in a Smart City? [N]. BBC News,2013-08-19.

[11]　Kordunsky A. Overcoming the Sustainability Challenge：An Interview with Guruduth Banavar[J]. Journal of International Affairs，2012，65(2)：149-150.

[12]　Halegoua G R. The Digital City：Media and the Social Production of Place [M]. New York：NYU Press,2019.

[13] Greenfield A. Against the Smart City[J]. Revista ECO-Pós, 2017, 20(3): 277.

[14] Mulligan C. Citizen Engagement in Smart Cities[M]//Hemment D, Townsend A. Smart Citizens. Manchester, UK: Future Everything Publications, 2013: 83.

[15] Cotton M, Devine-Wright P. Making Electricity Networks 'Visible': Industry Actor Representations of 'Publics' and Public Engagement in Infrastructure Planning[J]. Public Understanding of Science, 2012, 21(12): 17-35.

[16] Kaufman S, Snape K. Public Attitudes toward Urban Infrastructure: The Northeast Ohio Experience[J]. Public Works Management and Policy, 1997, 1(3): 224-244.

[17] McLean A, Bulkeley H, Crang M. Negotiating the Urban Smart Grid: Socio-Technical Experimentation in the City of Austin[J]. Urban Studies, 2016, 53(15): 3246-3263.

[18] Zandbergen D. 'We Are Sensemakers': The (Anti-) Politics of Smart City Co-Creation[J]. Public Culture, 2017, 29(3): 539-562.

[19] Halegoua G R. Class Distinctions in Urban Broadband Initiatives[M]//Polson E, Clarkv L S, Gajjala R. The Routledge Companion to Media and Class. London: Routledge, 2019.

[20] Empower Cities, Empower People Report 2017[R]//Smart City Expo World Congress.

[21] Smart City Challenge[EB/OL]. (2016-09-28). https://www.transportation.gov/smartcity.

[22] Offenhuber D. Waste Is Information: Infrastructure Legibility and Governance[M]. Cambridge, MA: MIT Press, 2017: 206.

[23] Crawford K. Following You: Disciplines of Listening in Social Media[J]. Continuum: Journal of Media and Cultural Studies, 2009, 23(4): 525-535.

[24] Road Map for the Digital City: Achieving New York City's Digital Future[EB/OL]. (2011-03). www.nyc.gov/html/media/media/PDF/90dayreport.pdf.

[25] Johnson B J, Halegoua G R. Potential and Challenges for Social Media

in the Neighborhood Context[J]. Journal of Urban Technology,2014,
21(4): 51-75.

[26] Itoi N G. Oracle Voice: New Ways to Embrace the Power of the Crowd
[N]. Forbes,2014-11-20.

[27] GordonE,Mugar G. Civic Media Practice: Identification and Evaluation
of Media and Technology That Facilitates Democratic Process[R].
Boston: Engagement Lab at Emerson College,2018.

[28] London City Hall. Civic Crowdfunding Programme[EB/OL]. (2016-06-
16). https://www. london. gov. uk/what-we-do/business-and-economy/
supporting-londons-sectors/smart-london/civic-crowdfunding-programme.

[29] Deschamps T. Sidewalk Labs Advisory Panel Member Saadia Muzaffar
Quits,Citing 'Deep Dismay[N]. Financial Post,2018-10-05.

[30] Brayne S. Big Data Surveillance: The Case of Policing[J]. American
Sociological Review,2017,82(5):977-1008.

[31] Noble S U. Algorithms of Oppression: How Search Engines Reinforce
Racism[M]. New York: NYU Press,2018.

[32] Eubanks V. Automating Inequality: How High-Tech Tools Profile,
Police,and Punish the Poor[M]. New York: St. Martin's Press,2018.

[33] Hill D. Smart Citizens Make Smart Cities [M]//Hemment D,
Townsend A. Smart Citizens. Manchester: Future Everything
Publications,2013:87-90.

[34] Mulligan C. Citizen Engagement in Smart Cities[M]//Hemment D,
Townsend A. Smart Citizens. Manchester: Future Everything
Publications,2013: 83-86.

[35] Ratti C,Townsend A. Harnessing Residents'Electronic Devices Will
Yield Truly Smart Cities[J]. Scientific American,2011(09).

[36] Noveck B S. Re-imagining Government through Civic Media: Three
Pathways to Institutional Innovation[M]// Gordon E, Mihailidis P.
Civic Media. Cambridge,MA: MIT Press,2016.

[37] Couldry N,Powell A. Big Data from the Bottom Up[J]. Big Data and
Society,2014,1(2):1-5.

[38] Kitchin R,Lauriault T P,Gavin McArdle G. Knowing and Governing
Cities through Urban Indicators, City Benchmarking and Real-Time

Dashboards[J]. Regional Studies,Regional Science,2015,2(1): 6-28.

[39]　Beilin R,Ashlea Hunter A. Co-Constructing the Sustainable City: How Indicators Help Us 'Grow' More than Just Food in Community Gardens[J]. Local Environment,2011,16(6): 523-538.

[40]　Van Assche J,Block T,Reynaert H. Can Community Indicators Live Up to Their Expectations? The Case of the Flemish City Monitor for Liveable and Sustainable Urban Development[J]. Applied Research in Quality of Life,2010,5(40): 341-352.

[41]　Williams S. Big Data for a Public Good [EB/OL]. (2018-10-02). https://www. youtube. com/watch?v=cHy__jxA1Ys.

[42]　Breathe Life[EB/OL]. (2018-11-15). https://www. purpose. com/case _studies/breathelife/.

[43]　Digital Matatus[EB/OL]. (2018-11-02). http://www. digitalmatatus. com/about. html.

[44]　Digital Stewards Training [EB/OL]. (2015-03-15). https:// alliedmedia. org/dctp/digitalstewards.

[45]　Crawford A. Detroit Imagines a Citizen-Led Smart City[EB/OL]. (2015-05-31). https://www. citylab. com/life/2017/05/detroit-imagines-a-citizen-led-smart-city/528441/.

[46]　Orofino A. It's Our City. Let's Fix It[EB/OL]. (2015-05-31). https:// www. ted. com/talks/alessandra_orofino_it_s_our_city_let_s_fix_it? language=en.

[47]　Pearce R. Meu Rio[EB/OL]. (2017-07-28). http://www. oxfordjournals. org/cdjc/tag/meu-rio/.

[48]　Halegoua G R. The Policy and Export of Ubiquitous Place: Investigating South Korean U-Cities[M]//Foth M,Forlano M,Satchel C,et al. From Social Butterfly to Engaged Citizen: Urban Informatics, Social Media, Ubiquitous Computing, and Mobile Technology to Support Citizen Engagement. Cambridge, MA: MIT Press, 2011: 315-334.

第 5 章

CHAPTER 5

智慧城市的未来

发展方向

在本书中,作者重点讨论了当前智慧城市建设中社会、政治和经济等方面的机会和存在的问题。诸多研究者和规划者认为,智慧城市是由商业技术供应商塑造的新自由主义空间,服务于自上而下的城市治理和高效管理战略。另一些研究者则认为,信息通信技术在智慧城市的实施,使城市环境在资源配置、公共服务和生活质量等方面更具韧性、反应更快、更可持续。还有一些学者认为,智慧城市是城市治理向私有化和商业化转变的结果,这种转变剥夺或贬低了市民在塑造城市过程中的发言权和控制权。研究者和规划者们已经制定了社会技术策略来动员城市居民,并利用数据为公共利益服务。但是,智慧城市在数字媒体所赋予的权力与信息的分散透明,与主流智慧城市模式中技术设计与实施中的集权决策之间,存在着一定的紧张关系。

智慧城市已成为行业的流行语,它为城市治理和城市生活提供了一个数字化、数据驱动的未来,其中效率观高于其他所有的价值观。但是,这并不是城市发展中实现有意义的技术应用和可持续增长的唯一愿景。智慧城市的基本概念处于不断修正的过程中,可实现的功能也在不断拓展,但同时要注意摆脱商业化的影响和发展轨迹。

一些智慧城市项目负责人甚至因为智慧城市的负面内涵而放弃使用该词。Sidewalk Labs 的城市政策执行总监 Rohit Aggarwala 就拒绝用"智慧城市"一词来描述谷歌在多伦多的特大项目。他对记者说,该词与软件产品联系过于紧密,而后者又是专注于从捉襟见肘的城市服务中榨取最大效益[1]。哈佛大学法学教授、前白宫顾问 Susan Crawford 和公认的政府管理专家 Stephen Goldsmith 指出,信息通信技术赋予市政领导和市民的是"反应迅捷"而不是"智慧"[2]。或许诸如"互联城市""网络城市""协作城市""韧性城市"之类的词,或者附加表达希望城市能实现的其他价值和成果的前缀,会是更好的选择。

支持对智慧城市开发范式进行修改,并不表示我们就要完全放弃网络化或数字化城市的想法。事实远非如此,例如,有批评家就建议应该学习如何以更加互惠互利、更加全面的方式,与智慧城市的商业开发商合作,同时更严谨地审视他们的愿景、计划和实践。要做到这一点,市民、市政官员、企业领导人和宣传媒体需要进行自我教育,了解智慧城市里的技术是如何工作的,民主体制下的市民权是如何起作用的,并关注贯穿于这些关系中的权力和准入问题。

这种观点反对的并不是技术,而是技术解决主义,并希望就网络化城市到底是什么或可能成为什么提出新的视角。理想的情况是,网络化城市的设计与开发可以提供新的机会,以重新审视城市系统及组织架构,解决城市系统中存在的不平等或社会公正问题,并就改善这些问题展开包容性辩论并提供建议。必须认识到数字基础设施建设也应该造福于弱势社区,以及可能会给这些人群造成的风险和危害。然后,在促进集体行动和社区动员的背景下,可对数据采集与分析的工具进行重新定位,并实际用于支持和改善人们的生活。

麻省理工学院市民媒体中心(Center for Civic Media)主任

Ethan Zuckerman 提出,市民媒体需要在"暴乱(insurrectionist)"模式下运作,而不是一味支持陈腐僵化的制度价值观(institutional values)。智慧城市也是如此。主流的智慧城市愿景受到依赖于市场资本主义和公共管理的制度优先权的制约。从效率与成本效益等制度价值观转向对城市需求与社会正义的分散化、本土化或草根化解读,需要智慧城市在开发中采取不同的创新与重塑模式。智慧城市本身并不是目的,而是提供了质疑和重新商谈制度价值观的机会,找到了制度和市民可以互惠互利、共同发展的中间地带。

在本书最后的结论部分,作者总结了关于智慧城市未来发展的一些新兴理念,并指出了这一主题潜在的研究领域。基于本书所给出的案例和讨论,智慧城市未来的发展方向包括:互联城市的民主化、认可市民在智慧城市开发中的地位,发展社会技术方法以便促进城市利益相关者之间的合作,优先考虑效率与创业精神之外的价值观。

5.1　互联城市的民主化

所有关于"智慧城市"的解读都强调某种形式的网络化、通信和响应能力。与其将城市视为"智慧"的,不如将其视为网络化或连接化的,以及使之形成网络的各种关系。

如果城市是一个网络,那么它的生产组织既不是自上而下的,也不是自下而上的,而是分布式和共享式的。智慧城市的规划者、市民和市政官员对其连接性与参与性的观念转变,可以对城市空间产生一种共同拥有感,并培养一种以协作方式行事的能力。

智慧城市的设计者们已经开始尝试从总体的角度改造城市空

间，但往往会退回到自上而下的普适性城市治理模式。在这种模式下，集中控制、建设速度及效率比民主更重要。智慧城市计划的启动往往是在没有得到预期服务对象的参与、评判及支持下开展的。譬如，在没有得到预期服务对象同意、评判及支持下，城市战略家就启动了智慧城市计划。城市规划中的民主化实践——参与式规划虽已被智慧城市战略家所接受，但这些战略家往往在智慧城市基础设施、技术和路线图的设计决策完成后，才允许社区参与。有关城市规划的研究文献为公众参与城市规划提供了一些模式，同时也指出了市民参与数量的有限性、效果的受限性和市民成分多样性不足等问题。市政府很少会给予民众对智慧城市计划进行评估和投票的机会，也很少会邀请民众共同绘制城市数字路线图。然而，任何城市居民或从事城市研究的学者，都可以列举出大量的例证，说明社区及市民要求对自己生存的城市及未来发展拥有更多的控制权。

在智慧城市的设计和实施过程中，以人为本意味着设计者和开发者要理解人、活动场所及城市基础设施之间的依存关系，同时诚挚认真地倾听和关注市民的需求。正如第4章所述，智慧城市开发者需要制定更多社会的或社会技术的解决方案，以促进不同利益相关者之间的合作，开发者尤其应向那些在历史上对城市环境和系统拥有不同的权力和代理权的城市居民学习，并让他们参与到城市的建设决策中来。处于政府机构的严密监控下，市民可能会对数据伦理以及用于城市决策的信息收集类型，提出有见地的建议或批评。

智慧城市开发团队通常会努力与社区成员进行沟通和合作。他们必须从一开始就要拿出与市民进行对话与合作的新方法，并使之规范化。接下来，要找到继续落实这些对话并采取行动的方法，使得智慧城市开发商能够对市民负责，并支持城市的可持续发展。这些方法不会取代原先便于城市治理且具有成本效益的技术,而是利用这些技术和基础设施来获得市民更多的信任与参与。基础设施的建设可以鼓励利益相关者之间扩展对话、更公平有效地分配资源和公共服务,以及对城市改造进行再投资,但这些基础设施的建设可能根本不需要 ICT。与其通过技术实施或创业精神来解释"智慧"和进步,不如将互联城市重新定义为:重视社会基础设施的建设,实现城市的韧性、响应性和可持续增长。

作者发现智慧城市开发中技术的设计与运用是高度集中化的,并完全由智慧城市的供应商们来主宰。智慧城市技术强调垂直化的监控和数据采集,在这种结构中,先前存在的权力机制和治理方法以数字形式被重新诠释并加以放大。而由社区发起的参与性的媒体项目,可以鼓励市民对负责城市空间和社会关系的政府机构进行监督。尽管在诸如 EveryBlock 和奥克兰的 Crimespotting 等项目中存在一些监控(sousveillance)①实例,但是传统的智慧城市模式并不能为市民提供足够的空间,来有效地监督政府和权力机构,而只能监督它们提供的一些服务。

智慧城市存在"内部差异化",这意味着城市里的某些场所、人群和活动享有特权[3]。譬如,智慧城市基础设施存在不平等的一个早期例证就是:城市宽带网络,某些人群和社区被视为网络化城市的一部分,而其他的人群和社区则在无意中被排除在外了。虽然自上而下的城市宽带以及免费公共 WiFi 项目旨在弥合数字鸿沟,但它们也往往会重新定义或加剧先前存在的社会和经济差距以及基础设施的使用。为解决这一问题,世界各地的很多社区都建立了自己的计算机实验室、无线 mesh 网络,重新改造原有的电信网络,并开始实施数字扫盲计划。这些参与性的、由市民主导的实例说明,有必要扩展智慧城市利益相关者的概念,以及这些参与者能对城市发展做出哪些贡献,提出什么样的建议。

---

① 译者注:原文为 sousveillance,应为 surveillance。

　　此外，城市还需要扩展对"数据"的理解，需要让市政府、研究人员以及社区知晓如何了解城市的内涵。数据女权主义（data feminism）的信条为我们提供了一个很好的起点，用于批判和修正城市可操作知识生成的主导方式，以及这些知识是如何传播和可视化的，哪些观点应该被吸收或被边缘化。

　　市民媒体和数据可视化学者 Catherine D'Ignazio 和 Lauren Klein 提出，人文学科的理论和方法应该为数据采集、可视化和设计实践提供依据，以便了解知识生产多元化的可能[4]。在利益相关者的多样性和社区参与方面，他们建议，数据可视化应该积极反映设计团队和潜在用户的立场与背景，以识别和包容被忽略或边缘化的观点。这些建议反映了权力平衡以及差异化的观点，培育了与用户进行包容性合作所遵循的道德规范，是努力实现智慧城市规划与运营民主化的良好起点。

5.2　重塑智慧城市

　　智慧城市规划的制定和实施模式应该接受建设与管理者的质疑和批评，以评估其对特定城市环境和社区的适用性与实用性。智慧城市的开发以排他性的方式进行建设，参与其中的是那些关系网里被公认为有政治和社会影响力的人，因此导致这些规划不能接受公开质询，而且给人的印象经常是对城市空间的冷酷无情、一刀切（one-size-fits-all）。网络化或互联的城市可以从横向、本土化和分散化中获益，为当地社区提供更多的选择余地，以便使社区建设按自己的要求做出改变。有志于培育互联城市的参与者需要了解当地居民正在为城市建设所做的努力，以及如何将这些努力作为智慧城市规划的基础，而不是将来被全盘否定。

　　城市是需要从多种不同的视角去理解的，因此，单纯将城市的各种活动及人们的行为转换为数据的系统，存在一定的局限性。

这种数据系统将算法与数据分析定位为解锁城市含义与运行方式的必要工具。除了通过计算方法更深入地理解城市环境外,来自社会科学、人文科学、社区组织及社会福利等领域的专家,也应该在城市规划决策中占有一席之地。另外,目前许多智慧城市开发者所秉持的城市功能主义观点,需要转向更加注重环境和以人为本的公共空间设计方法。智慧城市设计者不必强调普适化的城市体验,而是需要直接面对不同的、生活与工作相互关联的城市社区,并重视差异中存在的分歧、灵活性和偶然性。未来,智慧城市开发者必将重新考虑他们对当代城市的假设和基本理解,以及人们在城市中的行为,而不仅仅是依赖城市活动中所产生的数据。

主流的智慧城市模型在组织城市空间的方法上,有许多地方可以借鉴女权主义地理学和空间布局理论。女权主义地理学理论关注日常生活的节奏与规律、不平等与差异,以及在城市空间中塑造公共与私人体验的身份认同。

与智慧的城市管理者不同,女权主义地理学家认为人是有创造力的、积极主动的,他们有能力改变城市规划的意义、构建新的城市环境[5]。她们关注于人们为理解环境所做的工作,而不是被动地接受自上而下的空间表达。女权主义城市规划学术研究的重点是解决排他性的决策行为,这些行为歧视妇女和少数民族的意见与经验,批判那些强化不平等或接受新自由主义或社团主义城市生活观的政策和规划[6-7]。

这些非传统的视角直接解决了智慧城市愿景和发展规划中的盲点。女权主义对城市空间和城市规划的批判,表明了新自由主义和商业干预是如何在社会生活方面限制了公众与市民的参与,以及如何制约了城市的公平和可持续发展。关于未来的研究与发展,一个重要的建议是,包容性的或女权主义的智慧城市到底应该是怎样的，或可采用何种方法来实现这种设计。作者提出了如下几点建议。

5.3　建议及未来的方向

智慧城市的开发商需要与当地社区紧密合作，了解他们与城市之间固有的依存关系，还应意识到技术手段(technological fixes)的局限性。首先要认识到仅仅依靠技术并不能从根本上改善城市的治理，也不一定能提高所有居民的生活质量。另外很重要的一点是，技术和智慧城市的总体规划在意识形态上从来都不是中立的，其对某类人群的伤害可能明显比对其他人群大。技术解决方案并不能完全解决导致城市不平等和服务欠缺等深层问题。与此相关的是，市政官员在提供有关城市活动的信息时，需要考虑制度化的系统与人们的行为是否真的会发生改变。大数据或开放数据真的能改变城市的品质吗？抑或应该能？

有若干关于智慧城市的评论都引用了 Cedric Price 的一段话："如果技术是答案的话，那么问题是什么呢？"[8-10] 在采集数据之前，市民、政府及公共部门就应该展开合作，指出问题和面临的困难。很多情况下，额外的或先进的技术或许是一种适当的应对措施。但是，若智慧城市致力于通过持续的社区互动，专注于建立信任或主人翁意识，可能会带来更强大且可持续的创新，有利于问题的解决。如果采集到的数据被用于改善城市行为和活动，那么市民应该充分参与这些数据的采集过程，并了解数据应用的效果。政府和城市居民需要不断地从个人隐私、社会公正、伦理道德以及使用目的等方面，对数据使用的理念进行重新评估。重新评估智慧城市数据采集与分析的目的，若将重点放在过程而不是结果上，可能会为市民协作和投入创造更多的空间。例如，利用数据采集和可视化，发起关于城市议题和关注点的讨论，而不是直接给出这些问题的结论或意见,这是大数据在智慧城市中应用的另一种愿景。

鼓励并倾听线上线下有关技术城市主义和社区改善项目的建议,对智慧城市的发展尤为重要,因为这些项目反映了市民的需求和愿望,以及他们提出的解决共同议题的方法。对社区发起的项目的支持和认可,会带来创新、效力和对城市的归属感。这些项目表明了,如果为社区提供所需的原材料和资金,让他们以自己的方式为互联城市工作,那么他们能做出些什么,或者可能做出些什么。承认市民解决问题的努力是对解决效率低下问题和推进民主进程的赞扬,而不是为了平息民怨。

智慧城市的设计思维偏重于连通性、交叉性、反思性(源自 Gordon 和 Mugar),而非建设速度和最优化,它将智慧城市的优先事项和价值从基础设施和效率转向人们的实际需求。

对公平和特权的关注也应成为中心议题。通过邀请社会学家、人类学家、人文学者与工程师、计算机科学家、商学教授等一同参与智慧城市的研讨,更全面地发挥地方大学的专业领域知识,有助于理解都市生活体验,而不仅仅只是强调量化的数据。

我们必须拓宽视野,搞清楚数字媒体如何以及应该怎样在城市中发挥作用,"智慧城市"到底有没有益处。在决策和规划过程中,市政官员应该考虑邀请市民参与智慧城市规划的时间点。在征询公众反馈或招募市民合作者时,进一步选择公平的邀请形式、会议时间和地点,以利于吸引更多更具包容性,代表不同技能和知识的社区成员参与。除了摆出重视市民参与的姿态外,真正需要关注的是集体责任和公平。要向弱势或边缘化人群伸出援手,就意味着要走进这些市民居住的社区,举办宣讲智慧城市规划的活动,向社区居民介绍必要的相关知识,以使他们了解正在进行的智慧城市相关工作。

　　要想让民众参与有关智慧城市设计与开发的商谈和讨论,他们需要具备城市空间及数字技术的素养以及有关政府决策过程的信息。譬如,在向渴望发展智慧城市的城市进行拨款与奖励时,可以优先考虑市民教育、公众的数字与空间扫盲计划,为城市体验研究提供资金,或为不同的城市社区提供参与式规划的机会。

　　就智慧城市的未来研究方向而言,大学、非营利组织及社区组织需要开展更多的人类学研究和定性研究,了解人们对互联城市的需求。我们需要找到更好的方法,围绕城市的未来进行民主合作。在智慧城市的对话中,富裕程度较低或数字素养较低的社区通常被粗暴地排除在外。虽然市政府官员不断强调市民参与的重要性,但赋予民众权力,以及对其所关心的问题采取行动的模式却相对较少。研究创新的参与式规划模式,在城市发展和基础设施等方面,改进与低收入及边缘化社区开展合作的方法,将有利于智慧城市的发展和城市治理。研究人员和市民还需要继续制定策略,使市政当局以有意义和公正的方式,在利用参与式智慧城市规划采集的信息方面负起责任。

　　除了城市空间本身,"智慧城市"的术语和价值观也在构建之中。世界各地的研究者、规划者、技术设计者们与市民,都在为智慧城市设计实施的商业化模式寻求替代方案。但我们应该做得更多。除了"智慧"之外,城市还应具备更多的品质。作为生活在城市中的人或关注城市未来的人,我们有责任也有义务去发掘和培育其他更多的选择。

参考文献

[1]　Bliss L. Toronto's 'Smart City' Could Be a Blueprint for Developers [EB/OL]. (2018-01-09). https://www.citylab.com/design/2018/01/

when-a-tech-giant-plays-waterfront-developer/549590/.

[2] Goldsmith S. Crawford S. The Responsive City：Engaging Communities through Data-Smart Governance[M]. San Francisco：John Wiley and Sons,2014.

[3] Shelton T,Zook M,Wiig A. The 'Actually Existing Smart City'[J]. Cambridge Journal of Regions,Economy and Society,2015,8(1)：13-25.

[4] D'Ignazio C,Klein L. Feminist Data Visualization[C]//Proceedings from the Workshop on Visualization for the Digital Humanities,2016.

[5] Dyck I. Feminist Geography，the 'Everyday' and Local-Global Relations：Hidden Spaces of Place-Making[J]. Canadian Geographer, 2005,49(3)：233-243.

[6] LaFrombois M H. Blind Spots and Pop-up Spots：A Feminist Exploration into the Discourses of Do-It-Yourself (DIY) Urbanism[J]. Urban Studies,2017,54(2)：421-436.

[7] Kern L,Wekerle G. Gendered Spaces of Redevelopment：Gendered Politics of City Building[J]. Research in Urban Sociology, 2008, 9： 233-262.

[8] Manifesto' for Smart Citizens Instead[EB/OL]. (2013-02). http://www. cityofsound. com/blog/2013/02/on-the-smart-city-a-call-for-smart-citizens-instead. html.

[9] Hemment D,Townsend A. Smart Citizens[M]. Manchester：Future Everything Publications,2013.

[10] Ermacora T,Bullivant L. Recoded City：Co-creating Urban Futures [M]. London：Routledge,2016.